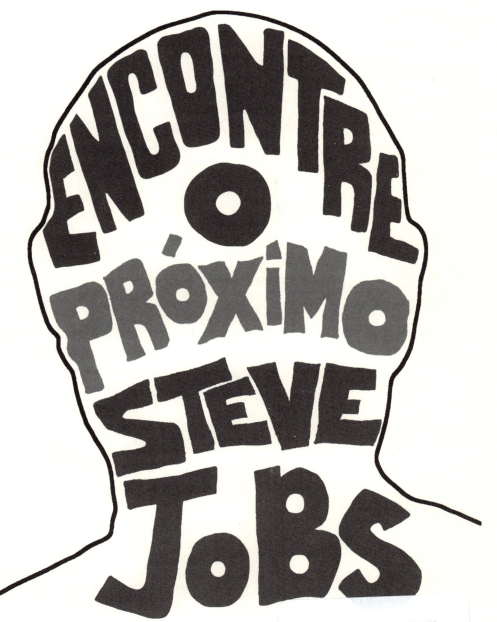

Nolan Bushnell com Gene Stone

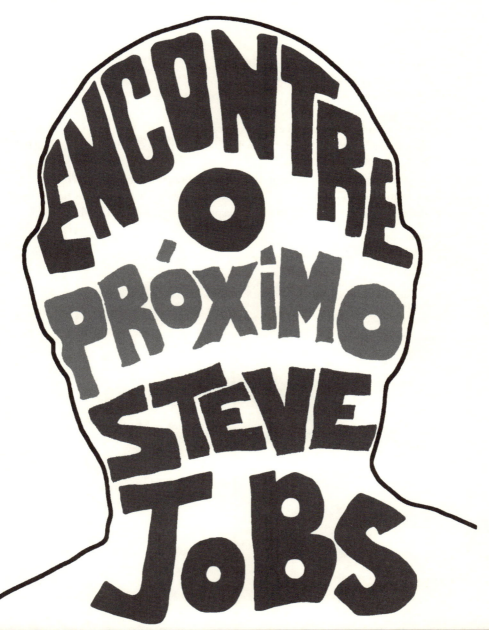

Como encontrar, contratar, reter e cultivar talentos criativos

Copyright © 2014 HSM do Brasil S.A. para a presente edição
Copyright © Nolan Bushnell
Título original: *Finding the next Steve Jobs — How to find, hire, keep and nurture creative talent*

Publisher: Renata Müller
Coordenação de produção: Alexandre Braga
Tradução: Cristina Yamagami
Edição: Oliva Editorial
Diagramação: Carolina Palharini e Carlos Borges Jr
Capa: Alex Miles Younger e Nolan Bushnell. Adaptação para o português: Marcelo Maffei

Todos os direitos reservados. Nenhum trecho desta obra pode ser reproduzido — por qualquer forma ou meio, mecânico ou eletrônico, fotocópia, gravação etc. —, nem estocado ou apropriado em sistema de imagens sem a expressa autorização da HSM do Brasil.

Dados Internacionais de Catalogação na Publicação (CIP)
Angélica Ilacqua CRB-8/7057

> Bushnell, Nolan
>   Encontre o próximo Steve Jobs : Como encontrar, contratar, reter e cultivar talentos criativos / Nolan Bushnell, Gene Stone. - São Paulo: HSM do Brasil, 2014.
>   256 p.
>
>   ISBN: 978-85-67389-21-9
>   Título original: Finding the next Steve Jobs — how to find, hire, keep, and nurture creative talent
>
>   1. Administração de pessoal 2. Cultura corporativa 3. Inovação 4. Gestão de desempenho I. Título II. Stone, Gene

14-0663   CDD 658.4063

Índices para catálogo sistemático:
1. Inovação - Administração

HSM do Brasil
Alameda Mamoré, 989 — 13º andar
Barueri-SP
06.454-040
Vendas Corporativas
(11) 4689-6494

PARA STEVE JOBS E TODOS OS OUTROS TALENTOS CRIATIVOS DA MINHA VIDA.
___

SUMÁRIO

INTRODUÇÃO | 9

PARTE UM

ENCONTRANDO E CONTRATANDO O PRÓXIMO STEVE JOBS

1. TRANSFORME O ESCRITÓRIO EM UM ANÚNCIO DA EMPRESA | 23

2. ADOTE PONGS FLEXÍVEIS | 29

3. SEJA CRIATIVO EM SEUS ANÚNCIOS | 33

4. PROCURE PAIXÃO E INTENSIDADE | 37

5. IGNORE AS CREDENCIAIS | 41

6. INVESTIGUE OS HOBBIES | 45

7. PEÇA INDICAÇÕES A SEUS COLABORADORES | 49

8. EVITE CONTRATAR CLONES | 53

9. CONTRATE OS ANTIPÁTICOS | 57

10. CONTRATE OS LOUCOS | 61

11. ENCONTRE VÍTIMAS DE BULLYING | 67

12. PROCURE OS "OLHEIROS" | 71

13. PERGUNTE SOBRE LIVROS | 75

14. LEVE OS CANDIDATOS PARA VELEJAR | 79

15. CONTRATE DEBAIXO DO SEU NARIZ | 83

16. VASCULHE O TWITTER | 87

17. VISITE COMUNIDADES CRIATIVAS | 91

18. TOME CUIDADO COM OS IMPOSTORES | 97

19. FAÇA PERGUNTAS INUSITADAS | 101

20. APROFUNDE SUAS ENTREVISTAS | 105

PARTE DOIS

RETENDO E CULTIVANDO O PRÓXIMO STEVE JOBS

21. CELEBRE | 113

22. INSTITUA ALGUM GRAU DE ANARQUIA | 119

23. RECEBA AS PEGADINHAS DE BRAÇOS ABERTOS | 123

24. CRIE UM REFÚGIO PARA SEUS TALENTOS CRIATIVOS | 127

25. CRIE UM AMBIENTE JUSTO | 133

26. REFUGIE-SE NO ISOLAMENTO | 137

27. DEFENDA AS MÁS IDEIAS | 141

28. CELEBRE OS FRACASSOS | 145

29. EXIJA O RISCO | 149

30. RECOMPENSE AS PISADAS DE BOLA | 155

31. PROMOVA O MENTORING | 159

32. TRATE OS COLABORADORES COMO ADULTOS | 165

33. MONTE UMA CADEIA CRIATIVA | 169

34. MONTE UM ESPAÇO CRIATIVO | 173

35. INSTITUA UM DIA DE DEMONSTRAÇÃO | 177

36. INCENTIVE O TDAH | 181

37. MOSTRE UM POUCO DO QUE ESTÁ POR VIR | 185

38. APRENDA A FALAR A LÍNGUA DA CRIATIVIDADE | 189

39. BRINCAR TAMBÉM TEM SEU VALOR | 193

40. NEUTRALIZE A TURMA DO CONTRA | 197

41. DOCUMENTE AS OBJEÇÕES POR ESCRITO | 201

42. LEVE SEU PESSOAL CRIATIVO A LUGARES CRIATIVOS | 207

43. OS RICOS TAMBÉM SÃO GENTE | 213

44. MUDE TODO DIA, TODA HORA | 217

45. LANCE OS DADOS | 221

46. FUJA DOS PROCESSOS | 225

47. PERAMBULE PELA WIKIPÉDIA | 229

48. NÃO CONTE COM A CONTABILIDADE | 233

49. INVENTE FERIADOS INESPERADOS | 237

50. MISTURE TUDO | 241

51. TIRE UM COCHILO | 245

52. CONCLUSÃO | 249

AGRADECIMENTOS | 253
SOBRE OS AUTORES | 255

I N T R O D U Ç Ã O

TRANSFORME O ESCRITÓRIO EM UM ANÚNCIO DA EMPRESA ADOTE PONGS FLEXÍVEIS SEJA CRIATIVO EM SEUS ANÚNCIOS PROCURE PAIXÃO E INTENSIDADE IGNORE AS CREDENCIAIS INVESTIGUE OS HOBBIES PEÇA INDICAÇÕES A SEUS COLABORADORES EVITE CONTRATAR CLONES CONTRATE OS ANTIPÁTICOS CONTRATE OS LOUCOS ENCONTRE VÍTIMAS DE BULLYING PROCURE OS "OLHEIROS" PERGUNTE SOBRE LIVROS LEVE OS CANDIDATOS PARA VELEJAR CONTRATE DEBAIXO DO SEU NARIZ VASCULHE O TWITTER VISITE COMUNIDADES CRIATIVAS TOME CUIDADO COM OS IMPOSTORES FAÇA PERGUNTAS INUSITADAS APROFUNDE SUAS ENTREVISTAS CELEBRE INSTITUA ALGUM GRAU DE ANARQUIA RECEBA AS PEGADINHAS DE BRAÇOS ABERTOS CRIE UM REFÚGIO PARA SEUS TALENTOS CRIATIVOS CRIE UM AMBIENTE JUSTO REFUGIE-SE NO ISOLAMENTO DEFENDA AS MÁS IDEIAS CELEBRE OS FRACASSOS EXIJA O RISCO RECOMPENSE AS PISADAS DE BOLA PROMOVA O MENTORING TRATE OS COLABORADORES COMO ADULTOS MONTE UMA CADEIA CRIATIVA MONTE UM ESPAÇO CRIATIVO INSTITUA UM DIA DE DEMONSTRAÇÃO INCENTIVE O TDAH MOSTRE UM POUCO DO QUE ESTÁ POR VIR APRENDA A FALAR A LÍNGUA DA CRIATIVIDADE BRINCAR TAMBÉM TEM SEU VALOR NEUTRALIZE A TURMA DO CONTRA DOCUMENTE AS OBJEÇÕES POR ESCRITO LEVE SEU PESSOAL CRIATIVO A LUGARES CRIATIVOS OS RICOS TAMBÉM SÃO GENTE MUDE TODO DIA, TODA HORA LANCE OS DADOS FUJA DOS PROCESSOS PERAMBULE PELA WIKIPÉDIA NÃO CONTE COM A CONTABILIDADE INVENTE FERIADOS INESPERADOS MISTURE TUDO TIRE UM COCHILO

C O N C L U S Ã O

0

Em 1980, minha empresa, a Chuck E. Cheese's, ia de vento em popa, e eu estava com a corda toda. Então comprei uma casa enorme em Champ de Mars, em Paris, entre a Torre Eiffel e a École Militaire. A casa era incrível: mil e quatrocentos metros quadrados distribuídos em seis andares, com escadarias de mármore e uma piscina no subsolo. Na época, minha esposa e eu não tínhamos nenhum móvel, então pensamos: por que não encher a casa com pessoas, em vez de móveis?

E foi o que fizemos. Demos uma grande festa, convidando todo mundo que conhecia na Chuck E. Cheese's e em minha outra empresa, a Atari, e alguns velhos amigos meus. Achei curioso que mais pessoas tenham aparecido naquela festa de inauguração da casa parisiense do que em outra que dei recentemente na minha casa em Woodside, na Califórnia. Festejamos até quase o amanhecer.

Lá pelas nove da noite, vi que um antigo colaborador na Atari, Steve Jobs, estava à porta. Eu o recebi com um sorriso, e Steve revirou os olhos. Acho que ele ficou um pouco surpreso com o tamanho do lugar. Enquanto eu passava por uma fase de grandiosidade, Steve continuava o mesmo de sempre: ele nunca foi do tipo pomposo.

"Ei", eu o cumprimentei, "que bom que você pôde vir".

"Se você der uma festa em Paris, não vou querer perder por nada deste mundo", respondeu. "De qualquer jeito, precisava de umas férias".

Perguntei quanto tempo ele ficaria na cidade, e ele disse que ficaria alguns dias.

"Então, que tal tomarmos um café amanhã cedo?", sugeri, e ele concordou.

Continuamos conversando, e percebi que a aparência de Steve tinha mudado desde que havia trabalhado para mim na Atari. Na verdade, a cada vez que eu o via, ele parecia mais bem-vestido, com um aspecto mais adulto. Naquela noite, estava usando os jeans de sempre, o modelo 501 da Levi's, mas o interessante é que desta vez os jeans estavam limpos. E, embora seus cabelos continuassem compridos, ele até se deu ao trabalho de lavá-los antes de aparecer em público.

Além disso tudo, a conduta de Steve foi impecável. Era como se tivesse se civilizado. Embora tenha sido um colaborador fantástico na Atari, ninguém podia dizer que ele era incrível no trato com as pessoas.

Na ocasião, sua nova empresa, a Apple, já tinha conquistado um bom sucesso, provavelmente rendendo uns cem milhões de dólares em vendas, mas ainda longe do que a Atari ou a Chuck E. Cheese's estava obtendo. Em 1980, a Atari rendia cerca de dois bilhões de dólares em receita, e a Chuck E. Cheese's, uns quinhentos milhões de dólares. Ainda não me arrependia de ter recusado um terço da participação na Apple, mas estava começando a achar que aquela decisão poderia se provar um erro.

Eu me orgulhava muito de Steve e me sentia responsável, em parte, pelo sucesso dele. A Atari o ajudou muito. Por exemplo, nós lhe demos peças de computador e o deixamos comprar microprocessadores a preço de custo — na verdade, quase todos os primeiros componentes da Apple foram adquiridos da Atari, sem margem de lucro. O modulador da Apple, um componente bastante complexo que permitia ao Apple II se conectar a um aparelho de TV, foi baseado em um design estandardizado nosso.

Steve e eu passamos o dia seguinte juntos. Fazendo às vezes de guia turístico, mostrei a ele meus lugares favoritos, incluindo o café Les Deux Magots, onde passamos horas conversando sobre criatividade. Contei que Paris me rendeu as melhores ideias: "Tem alguma coisa nesta cidade que faz a gente pensar grande". Ele concordou.

Depois passamos horas caminhando pela cidade. Continuei apontando meus lugares favoritos para visitar, mas Steve estava mais interessado em duas coisas: toda a criatividade que ele via no ambiente e a arquitetura.

"É muito legal ver tanta criatividade", comentou. "Tanta gente expressando seu estilo e ganhando a vida com isso." Discorreu longamente sobre os lendários encontros de escritores e artistas parisienses. E acrescentou: "O computador vai permitir que um número ainda maior de pessoas seja criativo".

Mais ou menos nessa época, Steve tinha começado a considerar o computador algo equivalente a uma motocicleta, para aumentar nosso desempenho. "Se você olhar para os animais mais rápidos, os seres humanos não estão entre eles", explicou. "Mas, se você der aos seres humanos uma motocicleta, eles podem vencer uma corrida disputada com os animais mais velozes".

A arquitetura da cidade também o fascinava: via uma simplicidade e uniformidade no design dos edifícios — muitos com sete ou oito andares e feitos de materiais semelhantes, transpirando uma elegância e uma coerência que acalmava o cérebro com um senso de harmonia.

Era difícil para mim pensar em Paris como uma cidade simples e uniforme. Mas o argumento de Steve é que seria possível cair de paraquedas em qualquer ponto da cidade e ver que você só podia estar em Paris. "Não dá para fazer isso em muitas cidades", ressaltou. "A arquitetura aqui cria uma atmosfera inconfundível para a cidade toda."

Essa simplicidade parisiense era algo que ele queria que a Apple emulasse.

Depois de passar o dia andando e conversando, voltamos a sentar em um café. Pedi um cappuccino, e Steve pediu chá — ele adorava tomar chá. Perguntei como a Apple estava indo, e ele confessou que se preocupava com a possibilidade de a empresa não estar sendo inovadora o suficiente. Não estava satisfeito com os produtos existentes no mercado e se perguntava como seria a próxima onda de computadores e quais inovações a acompanharia.

"Mas como descobrir qual será a próxima grande onda?", queria saber.

Respondi: "Você precisa estar de olho em tudo o que ocorre e manter-se disposto a se adaptar aos avanços. No seu caso, precisa saber o que mais atrai as pessoas nos mais recentes avanços dos *mainframes*, quais recursos elas comprariam sem pensar em dinheiro e achar um jeito de oferecer isso de um jeito barato e acessível".

"Bom, é isso que estou fazendo", respondeu, explicando que o Apple II, na época avançadíssimo, se baseava justamente nesse conceito: "Tornar acessível todo o poder do computador". Concordei. Em muitos aspectos o Apple II era mais poderoso que um *mainframe* da IBM de dez anos antes.

Steve e eu conversamos sobre muitos outros assuntos relacionados a computadores, desde velocidade de processamento até a arquitetura de 16 bits. Acima de tudo, tentamos prever o futuro. Steve se preocupava muito com a evolução dos produtos da Apple. "Como se manter na dianteira?", ele queria saber.

INTRODUÇÃO

"Você precisa se imaginar no futuro e se perguntar: o que quero que o meu computador faça?", sugeri. "Quais são as coisas que o computador não pode fazer agora, mas que, na minha cabeça, é fundamental que ele faça?"

Concordou em silêncio. "É o que estamos tentando fazer. Mas é difícil. É difícil encontrar pessoas que conseguem pensar desse jeito."

Ele também estava convencido de que os concorrentes não paravam de copiar a Apple: "O mundo da computação está cheio de parasitas prontos para se apropriar de nossas ideias", disse ele, irritado.

Eu lhe disse que a imitação era uma forma de elogio, uma explicação que pareceu aceitar.

Então ele suspirou. "Todo mundo espera que eu tenha todas as ideias. Não é assim que se constrói uma empresa forte."

Explicou que precisava gerar mais criatividade na empresa. Nós dois reconhecemos que a inovação era a chave para o futuro, e ela teria de vir da genialidade de todas as pessoas da Apple, não só da pessoa no topo.

O que percebi na ocasião foi que o Steve Jobs original acreditava que precisava encontrar o próximo Steve Jobs.

Passamos o resto do dia falando sobre questões relacionadas à criatividade. Na ocasião, dei dezenas de sugestões para Steve, muitas das quais ele chegou a anotar. Depois fiquei pensando se eu não deveria tê-las anotado também e publicado em um livro.

Foi o que resolvi fazer agora, três décadas depois.

* * *

Uma das ideias sobre as quais Steve e eu conversamos foi o conceito das regras. Não acreditávamos que a criatividade tivesse condições de se desenvolver sob pressão de regras estritas. Dessa forma, o livro que você tem nas mãos não contém nenhuma regra, mas sim o que chamo de pongs.

Uso o termo pong porque me dá a chance de ressuscitar uma palavra que nasceu com o jogo de mesmo nome que criei com um amigo, o engenheiro Al Alcorn, em 1972.

Um pong é um conselho. No caso deste livro em particular, um conselho voltado a fomentar a criatividade. O termo só se aplica quando o conselho é proveitoso ou necessário, ao contrário de uma regra, que tem a pretensão de ser aplicável a todas as situações.

Deve ser por isso que a maioria das regras não funciona. As situações variam, e a flexibilidade é sempre necessária. Se você tentar aplicar as mesmas regras a todas as pessoas ou circunstâncias, perceberá que plantou suas sementes em um campo estéril e homogêneo. Em um ambiente como esse, a criatividade vai definhar e morrer. A aplicação constante de regras inflexíveis engessa a imaginação.

Por exemplo, quando fui CEO da Atari — na época, ainda imaturo o suficiente para tentar instituir regras —, tínhamos uma regra que dizia que os colaboradores não podiam levar seus cachorros para o escritório. Afinal, o ambiente de trabalho já era caótico o bastante sem os "acréscimos caninos". Entretanto, um dia encontramos um engenheiro brilhante que gostava tanto de seu cão que fazia absoluta questão de levá-lo ao trabalho. Se não pudesse fazê-lo, simplesmente recusaria nossa oferta de emprego e iria trabalhar em outro lugar. Se não flexibilizássemos a regra, não poderíamos contar com aquele engenheiro e incluir seu excepcional talento criativo a nosso mix.

No entanto, abrir uma exceção só resolveu temporariamente o problema. Quando os outros viram o engenheiro levando

INTRODUÇÃO

o cachorro ao trabalho, eles também quiseram levar seus cães. Então tivemos de achar uma solução criativa para impedir que o escritório se transformasse em um canil. A decisão foi salomônica: os outros não teriam permissão de levar os cães ao trabalho *todos os dias*, mas só em ocasiões especiais. Todos concordaram. Problema resolvido. (Acabamos nos apegando tanto à cadela daquele engenheiro que decidimos "contratá-la", e ela ganhou um crachá e um número de colaborador. Em seguida, anunciamos que outros cães especiais também poderiam se candidatar a um emprego e seriam contratados se fossem qualificados. Outra regra quebrada. Um dia ainda vou escrever um livro sobre como contratar cães criativos.)

A verdade é que nenhuma regra se aplica uniformemente a todos — e essa regra é a única exceção à regra de que não há regras.

Então, apresento a seguir 51 pongs para ajudar você e a sua empresa a criar um ambiente propício à criatividade.

E por que a criatividade é tão importante?

Porque, como Steve e eu conversamos naquele dia em Paris, sem criatividade sua empresa não terá sucesso. Essa máxima pode não parecer surpreendente, mas o que me espanta é constatar que poucas empresas percebem isso ou fazem alguma coisa a respeito. A criatividade é o primeiro impulsionador de toda empresa. É onde tudo começa, onde a energia e o ímpeto se originam. Sem esse primeiro impulso de criatividade, nada mais pode acontecer.

É verdade que algumas empresas são mais conscientes desse requisito do que outras. A indústria cinematográfica, a indústria dos games, o setor editorial: todos devem se manter atentos aos avanços do mercado. *Pong* foi um video game fantástico, mas perdia a graça depois de jogá-lo dez mil vezes. *Guerra nas Estrelas* foi um filme incrível, mas depois de vê-lo (talvez umas dez mil vezes), você vai querer uma experiência cinematográfica nova e diferente. Na indústria do entretenimento, as pessoas criativas são mais que colaboradores importantes — elas são cruciais.

No entanto, empresas atuando em praticamente todos os outros setores também dependem igualmente da criatividade. Só que não sabem disso.

A razão para essa dependência da criatividade é a concorrência. Praticamente todas as empresas enfrentam algum tipo de concorrência. Todos os concorrentes estão tentando melhorar o produto, o serviço, o conceito; estão criando novos mercados, ajustando processos para reduzir custos e aumentando a eficiência da empresa. Pelo menos é o que as boas empresas fazem. As que não o fazem inevitavelmente acordam um dia e descobrem que foram superadas e estão fora do negócio. Como disse o guru da administração, Peter Drucker: "A única fonte de vantagem competitiva sustentável é a capacidade de aprender mais rápido que seus concorrentes".

É importante ser rápido. A era na qual as empresas evoluíam lentamente, quando passavam anos analisando o cenário e mudavam sem pressa, já chegou ao fim. Hoje, as empresas devem se revolucionar radicalmente, em um intervalo de poucos anos, só para permanecer relevantes.

Isso acontece porque a tecnologia e a internet transformaram para sempre o cenário dos negócios. E o ritmo de mudança se acelera a cada ano. Pense no que aconteceu nas últimas décadas. Uma carta, que antes levava três dias para ser entregue em sua casa, agora leva três segundos para chegar à caixa de entrada do seu e-mail. Uma encomenda transatlântica, que antes exigia uma dispendiosa máquina de telex para ser feita, agora pode ser

INTRODUÇÃO

concluída pressionando o botão de um smartphone. Uma reunião, que antes levava semanas de planejamento e quilômetros de transporte, agora pode ser realizada instantaneamente pelo Skype. No passado, se você quisesse testar uma ideia, levava três semanas ou mais para coletar e analisar os dados. Agora é possível codificar e testar a ideia na internet em uma única tarde.

As ideias surgem com mais rapidez, o conhecimento é transmitido com maior velocidade, os concorrentes reagem com maior prontidão. Diante desse contexto, não importa o que você ou sua empresa faz. São enormes as chances de precisar mudar e mudar de novo e, em seguida, mudar mais uma vez. Você pode estar satisfeito vendendo sabonete líquido, sabendo que os consumidores sempre precisarão do seu produto, mas o tipo de sabonete que eles querem vai mudar, assim como a embalagem, o perfume e o papel do sabonete na vida deles.

À medida que o mundo muda, você precisa garantir que a empresa toda ajuste o produto para se adequar à nova sociedade — e a nova sociedade está chegando, queira ou não. A chave para a sobrevivência neste novo mundo é a criatividade.

Assim, todas as empresas precisam se manter o tempo todo desafiando os limites, porque leva tempo para lançar um novo processo ou projeto no mercado com eficiência. Poucas empresas conseguem inovar de uma hora para a outra. É indispensável assegurar a capacidade de agir com rapidez, uma capacidade que só existe em um ambiente no qual a criatividade tem condições de prosperar.

Além disso, essa abertura à criatividade deve estar presente em todos os níveis de sua empresa. A criatividade não reside em uma pessoa nem em um grupo seleto de pessoas. Ela deve ser plantada na empresa toda ou simplesmente não florescerá.

A pessoa que identifica um problema faz parte da cadeia de criatividade. Alguém que pensa em uma solução também faz parte dela. Aquele que executa a solução é ainda outra parte, assim como a pessoa que leva essa solução ao mercado, por meio do marketing ou da produção.

Todos esses elos, similares a uma cadeia de DNA, devem estar presentes na empresa para gerar os frutos da criatividade. Todas as pessoas envolvidas são criativas à sua própria maneira. Cada uma delas deve fazer a sua parte ou nada é feito, e as ideias acabam morrendo na praia.

Por exemplo, lembro-me de uma bela manhã de domingo, em maio, quando Steve Jobs me visitou em casa, em Woodside. Steve preparou um exótico chá indiano com um dos saquinhos de chá que sempre levava consigo, e eu tomei meu macchiato de sempre. Depois demos um passeio pelo bosque de sequoias atrás de minha casa, sentamos nas nossas pedras favoritas, e ele falou sobre levar crédito demais pela criatividade da Apple. Disse que era natural se sentir assim e que isso aconteceu comigo durante todo o tempo que liderei a Atari. As pessoas sempre me deram os créditos por inventar o *Pong* quando, na verdade, Al Alcorn concebeu muitas das inovações que fizeram dele um excelente game.

Tudo o que fiz foi enxergar um grande mercado para o game e seguir em frente com o plano que elaborei. Disse a Steve que, no caso dele, o design do computador da Apple concebido pelo cofundador Steve Wozniak podia ser inovador, mas foi ele, Steve Jobs, quem enxergou o potencial. "Vocês dois foram responsáveis por levar o produto ao mercado, não importa quem leve os créditos pela criatividade."

A criatividade deve fluir livre e generosamente por toda a empresa e só gerará frutos se houver uma série de muitas pessoas

INTRODUÇÃO

para direcioná-la, desde os Steves Jobs no topo da cadeia até os potenciais Steves Jobs na base da pirâmide — que um dia serão os arquitetos do futuro dela. Sem essas pessoas direcionando sua imaginação e sua empresa, esse futuro jamais se concretizará.

> ### *Reinvente-se*
>
> Muitas empresas de sucesso fecharam as portas por não terem sido capazes de mudar com o tempo. Outras, contudo, puderam se reinventar completamente — e, com isso, prosperar. Por exemplo, a joalheria Tiffany & Co. começou como uma loja de artigos de papelaria. A fabricante de celulares Nokia já foi uma fábrica de papel. O conglomerado Berkshire Hathaway começou como um fabricante de têxteis. A Kutol Products foi uma fabricante de sabão sediada em Cincinnati, que também produzia uma massa para limpar papel de parede; o mercado para o produto de limpeza de papel de parede começou a definhar e a empresa transformou o produto em uma massa de modelar para crianças, que rebatizou de Play-Doh (e que já vendeu mais de dois bilhões de unidades). E também temos a 3M (que nasceu como Minnesota Mining and Manufacturing Company, que vendia coríndon, um mineral à base de óxido de alumínio), que criou e levou ao mercado mais de 55 mil produtos diferentes. A empresa basicamente se reinventa mais ou menos a cada década: cerca de um terço de sua receita anual provém de produtos com menos de cinco anos de existência.

ENCONTRANDO E CONTRATANDO O PRÓXIMO STEVE JOBS

PARTE UM

I N T R O D U Ç Ã O
TRANSFORME O ESCRITÓRIO EM UM ANÚNCIO DA EMPRESA
ADOTE PONGS FLEXÍVEIS SEJA CRIATIVO EM SEUS ANÚNCIOS PROCURE PAIXÃO E INTENSIDADE IGNORE AS CREDENCIAIS INVESTIGUE OS HOBBIES PEÇA INDICAÇÕES A SEUS COLABORADORES EVITE CONTRATAR CLONES CONTRATE OS ANTIPÁTICOS CONTRATE OS LOUCOS ENCONTRE VÍTIMAS DE BULLYING PROCURE OS "OLHEIROS" PERGUNTE SOBRE LIVROS LEVE OS CANDIDATOS PARA VELEJAR CONTRATE DEBAIXO DO SEU NARIZ VASCULHE O TWITTER VISITE COMUNIDADES CRIATIVAS TOME CUIDADO COM OS IMPOSTORES FAÇA PERGUNTAS INUSITADAS APROFUNDE SUAS ENTREVISTAS CELEBRE INSTITUA ALGUM GRAU DE ANARQUIA RECEBA AS PEGADINHAS DE BRAÇOS ABERTOS CRIE UM REFÚGIO PARA SEUS TALENTOS CRIATIVOS CRIE UM AMBIENTE JUSTO REFUGIE-SE NO ISOLAMENTO DEFENDA AS MÁS IDEIAS CELEBRE OS FRACASSOS EXIJA O RISCO RECOMPENSE AS PISADAS DE BOLA PROMOVA O MENTORING TRATE OS COLABORADORES COMO ADULTOS MONTE UMA CADEIA CRIATIVA MONTE UM ESPAÇO CRIATIVO INSTITUA UM DIA DE DEMONSTRAÇÃO INCENTIVE O TDAH MOSTRE UM POUCO DO QUE ESTÁ POR VIR APRENDA A FALAR A LÍNGUA DA CRIATIVIDADE BRINCAR TAMBÉM TEM SEU VALOR NEUTRALIZE A TURMA DO CONTRA DOCUMENTE AS OBJEÇÕES POR ESCRITO LEVE SEU PESSOAL CRIATIVO A LUGARES CRIATIVOS OS RICOS TAMBÉM SÃO GENTE MUDE TODO DIA, TODA HORA LANCE OS DADOS FUJA DOS PROCESSOS PERAMBULE PELA WIKIPÉDIA NÃO CONTE COM A CONTABILIDADE INVENTE FERIADOS INESPERADOS MISTURE TUDO TIRE UM COCHILO
C O N C L U S Ã O

1

A Atari não encontrou Steve Jobs. Só facilitamos para que ele nos encontrasse. Uma boa empresa é, por si só, um anúncio que fica 24 horas por dia e sete dias por semana no ar.

Em meados dos anos 1970, a Atari não era uma empresa qualquer. Nosso ambiente de trabalho peculiar era um terreno fértil para que as pessoas criativas florescerem e atuassem como um verdadeiro outdoor para a empresa. Saíam por aí falando sobre a Atari, sobre o que faziam, sobre os produtos da empresa, mas principalmente sobre o quanto era divertido trabalhar lá.

Por exemplo, numa época em que o saguão da maioria das empresas eram tão simpático e amigável quanto um necrotério, o nosso era basicamente um fliperama. Afinal, nosso ganha-pão era fazer diversões eletrônicas. Por que não disponibilizar os jogos a todos? Assim, todo mundo ia lá jogar, adorava a experiência e contava aos amigos.

Para você ter uma ideia, toda a área de recepção era uma enorme bagunça, decorada com sequoias e samambaias que dava aos visitantes a impressão de entrar mais em uma selva exótica do que em uma empresa. Isso também reforçou a imagem de um lugar em que transbordava imaginação.

(Não lembro quem foi o responsável pelo tema amazônico do saguão, mas isso não se deve a um lapso de memória. Na Atari, a alta administração dava carta branca aos colaboradores para tomar medidas interessantes. Então, embora tenha certeza de que alguém muito talentoso criou o ambiente do saguão, eu provavelmente nunca soube quem foi.)

Tudo na Atari refletia um ambiente divertido e convidativo, mas acho que nada transmitia melhor essa mensagem que nossas cervejadas de sexta-feira na doca de carregamento nos fundos da empresa. As festas consistiam em alguns barris de chope, pizzas e um pouco de música, de modo que custavam muito pouco. (De vez em quando contratávamos uma banda para tocar ao vivo, por até 50 dólares.) As festas eram uma recompensa por bater a meta de vendas (o que sempre fazíamos) e um ótimo jeito de reunir todo o pessoal — e fazíamos questão de incluir todo mundo, desde os executivos mais seniores até o recém-contratado para a linha de produção. A gente se misturava, bebia cerveja e fazia uma farra (veja o pong 21).

Aquelas festas se tornaram sinônimos da cultura da empresa. Logo começamos a convidar candidatos que estávamos pensando em contratar. Essa prática nos dava a chance de observar a pessoa em um ambiente descontraído e, ainda mais importante, dava ao candidato uma chance de ver como seria divertido trabalhar com a gente.

Hoje, se quiser saber mais sobre a empresa, você visita seu site. Em geral, você é direcionado a uma página que o convida a saber mais sobre a empresa e as oportunidades de emprego oferecidas. É invariavelmente a página mais chata que você já viu em toda a sua vida. Basta passar os olhos pela página e você já sabe que seria horrível trabalhar naquele lugar.

Escrevendo estas palavras agora, consigo pensar em várias empresas que na verdade nem são tão ruins, mas cujo site é tão sem graça que ninguém iria querer se candidatar a um emprego lá. Se você quiser colaboradores comuns, promova sua empresa como um local de trabalho comum. Se quiser colaboradores criativos, você deve demonstrar criatividade. No entanto, poucas empresas parecem dispostas a fazer isso. A maioria prefere não arriscar e essa estagnação é refletida no site corporativo.

A imagem da sua empresa pode ser um bom anúncio de recrutamento ou uma propaganda negativa. Um bom exemplo disso é o nome da empresa. Quando os dois Steves — Jobs e Wozniak — estavam bolando um nome para sua empresa de computadores, Jobs trabalhava meio período numa fazenda comunal no estado americano de Oregon e, na época, era um frugívoro — em outras palavras, só comia frutas. Ele achou que *Apple* transmitia serenidade e facilidade, características que refletiam a filosofia por trás de seus computadores. No entanto, quando anunciaram a escolha, o nome foi amplamente ridicularizado. O nome de uma empresa deveria ter a seriedade e a compostura de uma Hewlett-Packard ou de uma International Business Machines, as pessoas disseram. Apple? Que nome idiota. Entretanto, com o tempo, esse nome ajudou enormemente na criação e no cultivo da imagem criativa da empresa.

O senso de diversão incorporado ao nome criou raízes por toda a empresa, no decorrer de sua história. E a imagem da Apple foi cuidadosamente cultivada como parte de uma empresa descolada que fazia produtos descolados. Não levou muito tempo para que essa imagem se transformasse em uma profecia autorrealizável.

Quando o conceito de empresa como um anúncio é bem-executado, é possível manter um ecossistema criativo que atrai pessoas criativas, tanto clientes quanto colaboradores.

Outro jeito de mostrar ao mundo que sua empresa é criativa e interessante é usar cargos e títulos originais. Quem precisa de outro universo de vice-presidentes executivos e gerentes gerais adjuntos? A TOMS, empresa californiana que doa um par de calçados a uma criança carente para cada par vendido, não tem títulos nem cargos tradicionais. O fundador, Blake Mycoskie, é o Diretor de Doação de Calçados. Outros cargos incluem Cola de Sapateiro, Caído de Sola, o Rei dos Calçados e a Compradora de Sapatos.

Por coincidência, outra empresa que atua como o próprio anúncio também vende sapatos. Estamos falando da Zappos, a varejista online de calçados. Na sede da empresa, vê-se um pôster perto do departamento de recursos humanos mostrando a imagem de um homem com um corte de cabelo ao estilo Chitãozinho & Xororó e a legenda: "Negócios na frente... Festa atrás". Quem visita a página "Trabalhe Conosco" no site da empresa encontra um vídeo excêntrico, mostrando colaboradores brincando de bambolê, fazendo piruetas e usando fantasias de cachorro-quente e embalagem de ketchup. A página também destaca batalhas de paintball, karaokê e concursos para eleger quem consegue comer mais biscoitos Oreo como elementos básicos e regulares da cultura da empresa. A reputação da Zappos como uma das empresas mais divertidas para trabalhar implica que apenas 1% dos candidatos é contratado.

Grande parte da vida envolve a criação de um ecossistema apropriado. Todas as pessoas tem um. Eu tenho um. Você tem um. Quais são seus valores, o que você defende? Quais são suas paixões? Quais são suas esquisitices? E, o mais importante, em que tipo de ambiente você oferece o melhor que pode dar? Todos esses fatores determinarão o seu ecossistema ideal. De forma similar, as empresas possuem um ecossistema que reflete as escolhas feitas pelo CEO, pelos executivos e, em geral, pela primeira dúzia de colaboradores, mais ou menos. O ecossistema da sua empresa também passa a ser um anúncio vivo da empresa.

Aquela primeira dúzia de colaboradores da empresa forma o núcleo ao redor do qual a cultura corporativa se desenvolve. Uma dúzia de pessoas basta para dar início a uma dinâmica; quando o número de colaboradores excede esse limite, os outros provavelmente se adaptam ao *éthos* inicialmente instituído. Em várias de minhas empresas, contudo, tivemos um ou dois colaboradores discrepantes e descobri que, se você não lidar com eles logo de cara, solicitar que se adaptem ou fazê-los ver que ali não é seu local de trabalho mais adequado, eles podem se transformar em ervas daninhas tóxicas e atróficas que vão brotando na sua empresa.

Certa ocasião, tentei mudar o DNA de uma empresa inteira. No início de 1990, comprei uma empresa que fazia alguns produtos interessantes, mas tinha uma cultura corporativa terrível. A organização vinha em um declínio de cinco anos, e a maioria dos colaboradores inovadores já tinha saído da empresa. Olhando para trás agora, deveria ter demitido 90% do pessoal, mas achei que seria capaz de transformar a empresa. Eu estava errado. Os colaboradores simplesmente não conseguiam sair do próprio caminho. Para cada passo proposto, cinco pessoas resistiam à mudança. O ecossistema corporativo estava contaminado. Foi um dos meus piores fracassos.

> ### *Segredos*
>
> As pessoas em geral gostam de segredos. Já as pessoas criativas *adoram* segredos. Elas são divertidas, imaginativas e agregam um senso de empolgação a qualquer cultura corporativa. A Apple sempre cultivou essa cultura de mistério. Se você for um colaboradores da Apple, estará cercado de amigos morrendo de vontade de descobrir qual será o próximo produto, mesmo se você também não souber de nada. Você não precisa conhecer o segredo para entrar na diversão — as pessoas presumem que você sabe e, como não poderia revelar o segredo de qualquer maneira, ninguém vai descobrir que você não sabe.
>
> Várias outras empresas fazem isso muito bem, como a Activision e a Electronic Arts na indústria de video games. Fazem mistério de suas próximas revoluções no mundo dos jogos, e seus colaboradores adoram o fato de não poderem falar a respeito. Quando você era uma criança na escola, era divertido ficar sabendo de um segredo. E continua sendo divertido na vida adulta.

INTRODUÇÃO
TRANSFORME O ESCRITÓRIO EM UM ANÚNCIO DA EMPRESA
ADOTE PONGS FLEXÍVEIS SEJA CRIATIVO EM SEUS ANÚNCIOS
PROCURE PAIXÃO E INTENSIDADE IGNORE AS CREDENCIAIS
INVESTIGUE OS HOBBIES PEÇA INDICAÇÕES A SEUS
COLABORADORES EVITE CONTRATAR CLONES CONTRATE
OS ANTIPÁTICOS CONTRATE OS LOUCOS ENCONTRE
VÍTIMAS DE BULLYING PROCURE OS "OLHEIROS" PERGUNTE
SOBRE LIVROS LEVE OS CANDIDATOS PARA VELEJAR
CONTRATE DEBAIXO DO SEU NARIZ VASCULHE O TWITTER
VISITE COMUNIDADES CRIATIVAS TOME CUIDADO COM OS
IMPOSTORES FAÇA PERGUNTAS INUSITADAS APROFUNDE
SUAS ENTREVISTAS CELEBRE INSTITUA ALGUM GRAU
DE ANARQUIA RECEBA AS PEGADINHAS DE BRAÇOS
ABERTOS CRIE UM REFÚGIO PARA SEUS TALENTOS CRIATIVOS
CRIE UM AMBIENTE JUSTO REFUGIE-SE NO ISOLAMENTO
DEFENDA AS MÁS IDEIAS CELEBRE OS FRACASSOS EXIJA
O RISCO RECOMPENSE AS PISADAS DE BOLA PROMOVA O
MENTORING TRATE OS COLABORADORES COMO ADULTOS
MONTE UMA CADEIA CRIATIVA MONTE UM ESPAÇO CRIATIVO
INSTITUA UM DIA DE DEMONSTRAÇÃO INCENTIVE O TDAH
MOSTRE UM POUCO DO QUE ESTÁ POR VIR APRENDA A
FALAR A LÍNGUA DA CRIATIVIDADE BRINCAR TAMBÉM
TEM SEU VALOR NEUTRALIZE A TURMA DO CONTRA
DOCUMENTE AS OBJEÇÕES POR ESCRITO LEVE SEU PESSOAL
CRIATIVO A LUGARES CRIATIVOS OS RICOS TAMBÉM
SÃO GENTE MUDE TODO DIA, TODA HORA LANCE OS
DADOS FUJA DOS PROCESSOS PERAMBULE PELA
WIKIPÉDIA NÃO CONTE COM A CONTABILIDADE INVENTE
FERIADOS INESPERADOS MISTURE TUDO TIRE UM COCHILO
CONCLUSÃO

2

Gerenciar pessoas criativas é um pouco como pastorear gatos. Você pode tentar o quanto quiser, mas no final sempre fracassará. Então, em vez de cerceá-los com regras desanimadoras, crie uma organização famosa por seus pongs flexíveis e originais. O pessoal criativo sairá de suas tocas acolhedoras em busca de um lugar para se estabelecer. Você jamais conseguirá controlá-los, mas, se lhes oferecer um bom ambiente de trabalho e diretrizes flexíveis, poderá promover um excelente desempenho e todo mundo sairá feliz: eles, a empresa e os stakeholders.

A alternativa é criar um ambiente tão rígido e padronizado que as únicas pessoas que gostarão dele serão aquelas que já são rígidas e padronizadas.

Por exemplo, quando Steve Jobs foi trabalhar na Atari, ele queria poder passar a noite no escritório. Tínhamos guardas vigiando o local, bem como alarmes acionados por movimento. Se alguém ficasse dormindo debaixo da mesa e se movesse às três da madrugada, os estridentes alarmes seriam acionados. Por isso, tínhamos a regra: era proibido passar a noite no escritório.

Mas Steve foi insistente. Ele precisava passar a noite no trabalho ou pediria demissão. Seu amigo Steve Wozniak pensava do mesmo jeito. O nosso chefe de segurança, por sua vez, insistia que não deveríamos fazer essa concessão. Mas, no final, decidimos permitir que passassem a noite no escritório e desligar os alarmes, porque era mais importante criar um bom ambiente para os Steves.

Em pouco tempo os dois levaram futons ao escritório e os guardaram debaixo da mesa para poderem trabalhar até às três da madrugada e dormir por umas cinco ou seis horas. O escritório não tinha instalações para tomar banho, mas eles não se importavam. Não achavam que tomar banho fosse algo importante.

Quando permitimos o pernoite no escritório, descobrimos que vários outros colaboradores que moravam longe também preferiam passar a noite no trabalho. Então fomos um pouco além e instalamos chuveiros em um dos banheiros. Parece que alguns colaboradores gostavam de tomar banho. E nós gostávamos deles por isso.

Nossos engenheiros adoraram a nova liberdade de ficar no trabalho até quando quisessem. Uma vez, pouco antes de uma feira comercial particularmente tensa, mais de vinte deles estavam trabalhando até tarde e dormindo na empresa. A produtividade foi fora de série.

Minha maior conscientização da necessidade de flexibilizar as regras foi submetida a uma prova de fogo em outra empresa minha, quando descobri que um cômodo vazio atrás da fornalha havia sido tomado por dois engenheiros que decidiram se mudar para lá. Tinham levado alguns de seus pertences, compraram um fogão elétrico e estavam poupando um bom dinheiro em aluguel e transporte. Decidi deixar quieto. De certa forma, aquele foi o início dos lofts nos quais os colaboradores de várias *startups* modernas passaram a viver e trabalhar. Várias empresas do Vale do Silício possuem dormitórios, que possibilitam à equipe passar o tempo que quiserem no trabalho.

(Dizem que muitas pessoas que trabalham no setor da alta tecnologia não conseguem equilibrar sua vida pessoal e profissional.

Um outro jeito de ver a coisa é que o trabalho delas é tão interessante que é difícil distinguir trabalho de diversão. Os projetos criativos geram esse tipo de empolgação.)

A questão é que, para cultivar a criatividade na empresa, é preciso flexibilizar as regras rígidas e dar ao seu pessoal criativo espaço para crescer. Crie uma empresa conhecida por esse tipo de liberdade, e o pessoal criativo vai fazer fila à sua porta.

Observação: Em geral, é melhor se orientar por pongs do que por regras, mas em algumas situações pontuais as regras devem prevalecer. Por exemplo, na Atari, um dos operários da linha de montagem queria levar sua pistola para o trabalho. Justiça seja feita, até chegamos a levar a ideia em consideração, antes de recusar o pedido. No entanto, como o gestor da área observou, é muito mais difícil disciplinar uma equipe armada que uma desarmada. Assim, a política proibindo armas no trabalho permaneceu em vigor. Dessa forma, até a regra proibindo regras às vezes precisa ser quebrada.

I N T R O D U Ç Ã O TRANSFORME O ESCRITÓRIO EM UM ANÚNCIO DA EMPRESA ADOTE PONGS FLEXÍVEIS **SEJA CRIATIVO EM SEUS ANÚNCIOS** PROCURE PAIXÃO E INTENSIDADE IGNORE AS CREDENCIAIS INVESTIGUE OS HOBBIES PEÇA INDICAÇÕES A SEUS COLABORADORES EVITE CONTRATAR CLONES CONTRATE OS ANTIPÁTICOS CONTRATE OS LOUCOS ENCONTRE VÍTIMAS DE BULLYING PROCURE OS "OLHEIROS" PERGUNTE SOBRE LIVROS LEVE OS CANDIDATOS PARA VELEJAR CONTRATE DEBAIXO DO SEU NARIZ VASCULHE O TWITTER VISITE COMUNIDADES CRIATIVAS TOME CUIDADO COM OS IMPOSTORES FAÇA PERGUNTAS INUSITADAS APROFUNDE SUAS ENTREVISTAS CELEBRE INSTITUA ALGUM GRAU DE ANARQUIA RECEBA AS PEGADINHAS DE BRAÇOS ABERTOS CRIE UM REFÚGIO PARA SEUS TALENTOS CRIATIVOS CRIE UM AMBIENTE JUSTO REFUGIE-SE NO ISOLAMENTO DEFENDA AS MÁS IDEIAS CELEBRE OS FRACASSOS EXIJA O RISCO RECOMPENSE AS PISADAS DE BOLA PROMOVA O MENTORING TRATE OS COLABORADORES COMO ADULTOS MONTE UMA CADEIA CRIATIVA MONTE UM ESPAÇO CRIATIVO INSTITUA UM DIA DE DEMONSTRAÇÃO INCENTIVE O TDAH MOSTRE UM POUCO DO QUE ESTÁ POR VIR APRENDA A FALAR A LÍNGUA DA CRIATIVIDADE BRINCAR TAMBÉM TEM SEU VALOR NEUTRALIZE A TURMA DO CONTRA DOCUMENTE AS OBJEÇÕES POR ESCRITO LEVE SEU PESSOAL CRIATIVO A LUGARES CRIATIVOS OS RICOS TAMBÉM SÃO GENTE MUDE TODO DIA, TODA HORA LANCE OS DADOS FUJA DOS PROCESSOS PERAMBULE PELA WIKIPÉDIA NÃO CONTE COM A CONTABILIDADE INVENTE FERIADOS INESPERADOS MISTURE TUDO TIRE UM COCHILO C O N C L U S Ã O

3

No passado, as empresas anunciavam vagas de emprego no jornal. Você publicava um anúncio no jornal e ficava torcendo para atrair bons candidatos. No entanto, não importa que palavras fossem usadas, os anúncios da maioria das empresas na prática declaravam algo como: "Procura-se: gerente de nível médio para um trabalho chato. Salário baixo. Nem se dê ao trabalho de responder ao anúncio".

Na Atari, decidimos seguir um caminho diferente, usando o slogan publicitário "Ganhe dinheiro jogando games". A fórmula foi um enorme sucesso, bem como as frases: "Faça games que ganhem dinheiro para a empresa e para você", "Misturando trabalho e diversão todos os dias" e "Você nunca se divertiu tanto no trabalho".

Também tínhamos um programa que chamávamos de licença sabática: depois de cada sete anos de casa, os colaboradores eram agraciados com um verão inteiro de férias. Eu acreditava que todo mundo precisava de um tempo para recarregar as baterias. Então anunciávamos o programa com o seguinte slogan: "Passe um verão inteiro a cada sete anos se divertindo com salário integral".

Os resultados também foram incríveis.

Um anúncio de emprego é, na prática, um anúncio de sua empresa como um todo. Você não pode simplesmente publicar um anúncio que só apresenta os fatos. É preciso criar uma imagem, um sentimento e um slogan inigualáveis. Pensando assim, na

Chuck E. Cheese's, uma rede familiar que mistura pizzaria com lazer para crianças, bolávamos anúncios divertidos: "Trabalhe para um rato e ganhe muito queijo", "Faça pizza, divirta-se, brinque, ganhe dinheiro".

É um fato: as pessoas divertidas tendem a ser mais criativas que as pessoas sem graça.

Hoje em dia, os anúncios não se restringem mais aos jornais. Dá para anunciar em qualquer lugar, como o Craigslist, o Google e o Monster.com. No entanto, o número de anúncios é tão grande que o seu provavelmente não se destacará, a menos que você seja decidido e criativo. Infelizmente, a maioria das empresas continua não sendo muito criativa.

Preciso contratar pessoas para meu próximo empreendimento, e pretendemos criar um anúncio sem igual no YouTube. Qualquer empresa que esteja procurando pessoas criativas deve pensar em fazer uma série de vídeos estranhos ou interessantes que tenham a possibilidade de virar um fenômeno viral. Os vídeos podem ser muito ruins ou até amadores. No entanto, devem chamar a atenção e mostrar que sua empresa tem senso de humor (além de alguns péssimos atores).

E vou querer que o site da empresa e a página "Trabalhe Conosco" sejam animados, divertidos e atraentes. Podemos mostrar nosso mais recente contratado, um labrador. Ou podemos transformar o processo de seleção em um jogo, uma paródia da abordagem de contratação idiotizante da maioria das empresas. Também podemos pedir que os colaboradores criem um vídeo, algo engraçado ou curioso, mostrando que nosso pessoal sabe como se divertir. E o vídeo nem precisa ser bom, só tem de ser divertido. Se você conseguir fazer os potenciais colaboradores sorrirem, já está no caminho certo para encontrar novos colaboradores criativos.

Não muito tempo atrás, a Red 5 Studios, empresa de jogos de computador, atraía talentos de outras empresas gravando mensagens personalizadas em iPods e enviando-as aos cem melhores candidatos potenciais. Usando essa tática, a empresa conseguiu preencher três importantes vagas, gastando muito menos que uma campanha de recrutamento tradicional e recebendo muita atenção positiva de todos (exceto das empresas cujos colaboradores foram "roubados").

Outro exemplo: a filial alemã da empresa de publicidade BBDO, que buscava recrutar redatores publicitários em uma universidade, usou uma abordagem de mídia de massa com um toque de criatividade. Brincando com a ideia de que os jovens artistas muitas vezes rabiscam sua primeira obra-prima em um guardanapo, a empresa imprimiu sua mensagem de recrutamento em guardanapos distribuídos no refeitório da universidade. Com dois mil guardanapos, eles receberam cerca de quatrocentas respostas.

E uma das ideias de que mais gosto: a filial australiana da IKEA, empresa de venda de mobiliário, anunciou que estava em busca de colaboradores incluindo divertidas "instruções de montagem de carreira" na embalagem de muitos de seus produtos. Segundo a IKEA, a campanha resultou em 4.285 pessoas se candidatando e 280 carreiras "montadas".

Naturalmente, o pessoal criativo que responde a esses anúncios também pode usar uma abordagem incomum. Ouvi a história de um jovem que tinha sido contratado há pouco tempo quando o novo gestor o chamou à sua sala: "Quando você respondeu ao nosso anúncio, disse que tinha cinco anos de experiência." "Verificamos seu histórico e, pelo que sabemos, este é o seu primeiro emprego. Como você explica isso?".

O jovem respondeu: "Bem, o anúncio dizia que vocês queriam pessoas extremamente criativas".

I N T R O D U Ç Ã O
TRANSFORME O ESCRITÓRIO EM UM ANÚNCIO DA EMPRESA
ADOTE PONGS FLEXÍVEIS SEJA CRIATIVO EM SEUS ANÚNCIOS
PROCURE PAIXÃO E INTENSIDADE IGNORE AS CREDENCIAIS
INVESTIGUE OS HOBBIES PEÇA INDICAÇÕES A SEUS
COLABORADORES EVITE CONTRATAR CLONES CONTRATE
OS ANTIPÁTICOS CONTRATE OS LOUCOS ENCONTRE
VÍTIMAS DE BULLYING PROCURE OS "OLHEIROS" PERGUNTE
SOBRE LIVROS LEVE OS CANDIDATOS PARA VELEJAR
CONTRATE DEBAIXO DO SEU NARIZ VASCULHE O TWITTER
VISITE COMUNIDADES CRIATIVAS TOME CUIDADO COM OS
IMPOSTORES FAÇA PERGUNTAS INUSITADAS APROFUNDE
SUAS ENTREVISTAS CELEBRE INSTITUA ALGUM GRAU
DE ANARQUIA RECEBA AS PEGADINHAS DE BRAÇOS
ABERTOS CRIE UM REFÚGIO PARA SEUS TALENTOS CRIATIVOS
CRIE UM AMBIENTE JUSTO REFUGIE-SE NO ISOLAMENTO
DEFENDA AS MÁS IDEIAS CELEBRE OS FRACASSOS EXIJA
O RISCO RECOMPENSE AS PISADAS DE BOLA PROMOVA O
MENTORING TRATE OS COLABORADORES COMO ADULTOS
MONTE UMA CADEIA CRIATIVA MONTE UM ESPAÇO CRIATIVO
INSTITUA UM DIA DE DEMONSTRAÇÃO INCENTIVE O TDAH
MOSTRE UM POUCO DO QUE ESTÁ POR VIR APRENDA A
FALAR A LÍNGUA DA CRIATIVIDADE BRINCAR TAMBÉM
TEM SEU VALOR NEUTRALIZE A TURMA DO CONTRA
DOCUMENTE AS OBJEÇÕES POR ESCRITO LEVE SEU PESSOAL
CRIATIVO A LUGARES CRIATIVOS OS RICOS TAMBÉM
SÃO GENTE MUDE TODO DIA, TODA HORA LANCE OS
DADOS FUJA DOS PROCESSOS PERAMBULE PELA
WIKIPÉDIA NÃO CONTE COM A CONTABILIDADE INVENTE
FERIADOS INESPERADOS MISTURE TUDO TIRE UM COCHILO
C O N C L U S Ã O

4

Se tivesse de apontar uma única característica que distinguia Steve Jobs dos outros, eu diria que era seu entusiasmo arrebatado. Steve só tinha uma velocidade: a velocidade máxima. Essa foi a principal razão que nos levou a contratá-lo.

Ao contratar alguém tendo em vista a intensidade, você traz à empresa pessoas em torno das quais é possível criar um departamento inteiro. Em uma ocasião, por exemplo, contratei uma mulher que apareceu no nosso escritório praticamente sem qualquer experiência empresarial. Mas sua natureza empolgada se destacava tanto que, embora só tivesse 19 anos, nós a contratamos para ajudar com as feiras comerciais. Mesmo quando tínhamos pouquíssimo tempo antes do início de um evento, aquela moça sempre conseguia aspirar todo o carpete, desempacotar todas as caixas e montar todos os displays. Quando fez 20 anos, já liderava um departamento inteiro. Hoje, ela tem sua própria empresa.

Uma das razões do sucesso da Atari foi que sempre procurávamos, e contratávamos, pessoas assim. É possível treinar os empregados no estilo da empresa, mas é impossível incorporar neles esse tipo de empolgação. Com o tempo, serão os entusiasmados que mais contribuirão para sua empresa.

Não muito tempo atrás, conheci uma mulher em um Mindshare – um espaço de Los Angeles onde profissionais de áreas como cinema, televisão, tecnologia e arquitetura se reúnem uma vez por mês para ouvir palestrantes, para socializar e se divertir. A mulher praticamente me encurralou e extraiu tantas informações sobre o projeto educacional no qual eu estava trabalhando que quase me senti como se estivesse sendo interrogado por um agente do governo.

Não fazia ideia do que me levou a lhe revelar tantos segredos. Mas, depois de ouvir o que eu tinha a dizer, ela começou a recitar vinte excelentes ideias de marketing. No fim, acabou pedindo um emprego. Fiquei tão impressionado com a intensidade dela que a contratei ali mesmo. Uma das joias mais preciosas da minha nova empresa de educação, hoje ela supervisiona nossa presença na internet e lidera o departamento de marketing. E ela também só tem uma velocidade: a velocidade máxima.

Como encontrar a paixão? É um pouco como disse Potter Stewart, desembargador do Supremo Tribunal de Justiça, sobre a pornografia: é difícil definir, mas todo mundo sabe do que se trata. E o primeiro lugar onde se vê a paixão é nos olhos. Steve Jobs costumava olhar as pessoas direto nos olhos, sem qualquer hesitação, absolutamente focado no presente. Em uma entrevista de emprego, as pessoas entusiasmadas não parecem evasivas. Como Steve, olham o entrevistador nos olhos, sabendo que cabe a elas convencê-lo a contratá-las.

E, quando as pessoas entusiasmadas falam na entrevista de emprego, não divagam sobre si mesmas ou fazem um monte de perguntas, mas são efusivas sobre a empresa. Fizeram a lição de casa e sabem o que dizer; é quase como se tivessem um roteiro na cabeça antes de entrar pela porta. Chegam preparadas para falar sobre ideias e não sobre seu currículo.

Por outro lado, uma das melhores maneiras de identificar candidatos sem entusiasmo é ouvir como descrevem sua vida. Pessoas sem empolgação tendem a culpar os outros. Faça uma pergunta direta sobre vários empregadores anteriores e poderá descobrir muito sobre o candidato.

Por exemplo: "Por que você foi demitido do seu último emprego?".

Uma boa resposta: "As minhas habilidades não eram apropriadas para a nova direção e não consegui aprender rápido o suficiente. Foi um erro meu".

Uma resposta ruim: "O meu chefe não saía do meu pé".

Vejamos outra pergunta: "Como você explica essas notas baixas?". Uma boa resposta: "Eu era festeiro demais. Se eu soubesse o quanto seria importante tirar notas boas, teria ido a menos festas".

Uma resposta ruim: "Meus pais se recusaram a pagar a minha faculdade, então tive de trabalhar em dois empregos para bancar meus estudos".

Algumas dessas justificativas podem até ser verdadeiras, mas não é assim que as pessoas apaixonadas ou entusiasmadas se apresentam. As pessoas entusiasmadas falam sobre o que *querem* e *podem* fazer, sem ficar se justificando para explicar por que elas ainda não fizeram isso.

Sempre que tiver contato com colaboradores potenciais, seja em um coquetel ou em uma entrevista formal, pergunte sobre suas paixões. Para aqueles que não têm qualquer paixão, o silêncio resultante pode ser penoso. Para os que as têm, é como ver uma barragem se romper. Você se vê em um tsunami de informações sobre algum tema sobre o qual, até aquele momento, você não sabia nada. Não faz mal. O que é dito é muito menos importante do que o modo como isso é feito. A pessoa pode se empolgar com qualquer coisa, desde ábacos até o zwinglianismo. Nem importa se a paixão não corresponder a sua missão. Você pode pegar essa paixão e incorporá-la ao seu objetivo, mas não tem como criar uma paixão que não existe.

I N T R O D U Ç Ã O
TRANSFORME O ESCRITÓRIO EM UM ANÚNCIO DA EMPRESA
ADOTE PONGS FLEXÍVEIS SEJA CRIATIVO EM SEUS ANÚNCIOS
PROCURE PAIXÃO E INTENSIDADE **IGNORE AS CREDENCIAIS**
INVESTIGUE OS HOBBIES PEÇA INDICAÇÕES A SEUS
COLABORADORES EVITE CONTRATAR CLONES CONTRATE
OS ANTIPÁTICOS CONTRATE OS LOUCOS ENCONTRE
VÍTIMAS DE BULLYING PROCURE OS "OLHEIROS" PERGUNTE
SOBRE LIVROS LEVE OS CANDIDATOS PARA VELEJAR
CONTRATE DEBAIXO DO SEU NARIZ VASCULHE O TWITTER
VISITE COMUNIDADES CRIATIVAS TOME CUIDADO COM OS
IMPOSTORES FAÇA PERGUNTAS INUSITADAS APROFUNDE
SUAS ENTREVISTAS CELEBRE INSTITUA ALGUM GRAU
DE ANARQUIA RECEBA AS PEGADINHAS DE BRAÇOS
ABERTOS CRIE UM REFÚGIO PARA SEUS TALENTOS CRIATIVOS
CRIE UM AMBIENTE JUSTO REFUGIE-SE NO ISOLAMENTO
DEFENDA AS MÁS IDEIAS CELEBRE OS FRACASSOS EXIJA
O RISCO RECOMPENSE AS PISADAS DE BOLA PROMOVA O
MENTORING TRATE OS COLABORADORES COMO ADULTOS
MONTE UMA CADEIA CRIATIVA MONTE UM ESPAÇO CRIATIVO
INSTITUA UM DIA DE DEMONSTRAÇÃO INCENTIVE O TDAH
MOSTRE UM POUCO DO QUE ESTÁ POR VIR APRENDA A
FALAR A LÍNGUA DA CRIATIVIDADE BRINCAR TAMBÉM
TEM SEU VALOR NEUTRALIZE A TURMA DO CONTRA
DOCUMENTE AS OBJEÇÕES POR ESCRITO LEVE SEU PESSOAL
CRIATIVO A LUGARES CRIATIVOS OS RICOS TAMBÉM
SÃO GENTE MUDE TODO DIA, TODA HORA LANCE OS
DADOS FUJA DOS PROCESSOS PERAMBULE PELA
WIKIPÉDIA NÃO CONTE COM A CONTABILIDADE INVENTE
FERIADOS INESPERADOS MISTURE TUDO TIRE UM COCHILO
C O N C L U S Ã O

5

Acredito que estamos nos afastando de uma sociedade em que a qualificação profissional de uma pessoa é medida pelas credenciais que ela possui e nos aproximando de uma sociedade baseada em méritos.

Um diploma universitário, por exemplo, é uma credencial que não faz muito sentido. Tudo o que um diploma diz é que a pessoa tem um mínimo de tenacidade e conseguiu terminar a faculdade... Não muito mais do que isso. Formar-se na faculdade, por si só, não é sinal de inteligência. Pode significar que alguém é de fato inteligente ou que descobriu como passar nas provas e, depois de tirar um monte de notas altas, simplesmente esqueceu tudo o que aprendeu.

Ao longo dos anos, descobri que muitas das pessoas mais criativas não se formaram na faculdade. Steve Jobs largou a faculdade, assim como Steve Wozniak. O mesmo se aplica a Bill Gates, da Microsoft, David Geffen, da DreamWorks Studios, Mark Zuckerberg, do Facebook, Coco Chanel, a designer de alta costura, William Hanna, cartunista e animador, e incontáveis outros.

Não estou recomendando que as pessoas não façam faculdade. A faculdade pode ser uma experiência maravilhosa, tanto em termos de educação quanto de socialização. O que estou sugerindo é que os empregadores deixem de usar o diploma universitário como a principal qualificação de um candidato. É tolice insistir que todos os candidatos a emprego tenham um diploma universitário. Muitas pessoas criativas têm dificuldade de engolir as tarefas em geral idióticas envolvidas em tirar um diploma.

Curiosamente, um estudo de 2008, publicado no *The Journal of Marketing Education*, sugeriu que a maior parte do conhecimento acumulado pelos estudantes nos cursos universitários se perdia dentro de dois anos. Os alunos que tiraram a nota máxima nessas disciplinas perderam o conhecimento mais rapidamente que os alunos que tiraram uma nota mediana.

Em vez de fazer aos candidatos perguntas óbvias sobre sua formação, as matérias que estudaram na faculdade, seus professores — qualquer um pode responder a esse tipo de pergunta, especialmente se for sua enésima entrevista —, prefiro fazer uma série de perguntas inesperadas que eles não saberiam responder, mas que podem fazer algumas suposições interessantes usando uma série de pressupostos lógicos.

Por exemplo, posso perguntar aos candidatos quantos quilos de arroz são consumidos na China por ano. Isso testa seu conhecimento sobre a população da China e a quantidade média de comida consumida em uma refeição. A maioria das pessoas inteligentes provavelmente chegará a um número mais ou menos razoável. Não faço ideia de qual seja a resposta correta e não me importo. O mais relevante para mim é a chance de observar como o candidato resolve o problema.

Tente você mesmo: faça perguntas que forcem as pessoas a quebrar a cabeça para responder. Observe como elas fazem isso. (Para saber mais sobre esse tipo de pergunta, veja o pong 19.)

Outro teste que gosto de aplicar: coloque o candidato em uma sala com acesso a recursos, mas sem deixá-los em destaque. A ideia é ver como as pessoas resolvem problemas. Hoje, dou aos candidatos acesso à internet, mas antes dela eu simplesmente deixava alguns livros de referência e um telefone na sala. Dizia aos candidatos que era mais importante encontrar a resposta à minha pergunta que o modo como eles fariam isso. Os candidatos mais engenhosos ligavam para uma biblioteca ou um amigo. Os não engenhosos ficavam sem saber o que fazer e simplesmente tentavam adivinhar a resposta.

Ao entrevistar engenheiros, em vez de fazer perguntas, pedia que eles ligassem um par de interruptores de luz em cima e embaixo de uma escadaria. É uma tarefa simples, mas, se um engenheiro não tiver a curiosidade de descobrir como fazer, vou concluir que ele pode até ser formado em engenharia, mas não tem o DNA de um verdadeiro investigador do conhecimento científico.

O objetivo dessas perguntas e testes incomuns é encontrar pessoas que possuam uma combinação de curiosidade e criatividade. Desconheço qualquer pessoa criativa que não seja hipercuriosa. As pessoas curiosas sempre têm muitos interesses e uma ampla gama de conhecimentos em muitos campos e assuntos diferentes. Esse atributo não tem nada a ver com um diploma universitário, mas tem tudo a ver com a inteligência inata.

I N T R O D U Ç Ã O TRANSFORME O ESCRITÓRIO EM UM ANÚNCIO DA EMPRESA ADOTE PONGS FLEXÍVEIS SEJA CRIATIVO EM SEUS ANÚNCIOS PROCURE PAIXÃO E INTENSIDADE IGNORE AS CREDENCIAIS **INVESTIGUE OS HOBBIES** PEÇA INDICAÇÕES A SEUS COLABORADORES EVITE CONTRATAR CLONES CONTRATE OS ANTIPÁTICOS CONTRATE OS LOUCOS ENCONTRE VÍTIMAS DE BULLYING PROCURE OS "OLHEIROS" PERGUNTE SOBRE LIVROS LEVE OS CANDIDATOS PARA VELEJAR CONTRATE DEBAIXO DO SEU NARIZ VASCULHE O TWITTER VISITE COMUNIDADES CRIATIVAS TOME CUIDADO COM OS IMPOSTORES FAÇA PERGUNTAS INUSITADAS APROFUNDE SUAS ENTREVISTAS CELEBRE INSTITUA ALGUM GRAU DE ANARQUIA RECEBA AS PEGADINHAS DE BRAÇOS ABERTOS CRIE UM REFÚGIO PARA SEUS TALENTOS CRIATIVOS CRIE UM AMBIENTE JUSTO REFUGIE-SE NO ISOLAMENTO DEFENDA AS MÁS IDEIAS CELEBRE OS FRACASSOS EXIJA O RISCO RECOMPENSE AS PISADAS DE BOLA PROMOVA O MENTORING TRATE OS COLABORADORES COMO ADULTOS MONTE UMA CADEIA CRIATIVA MONTE UM ESPAÇO CRIATIVO INSTITUA UM DIA DE DEMONSTRAÇÃO INCENTIVE O TDAH MOSTRE UM POUCO DO QUE ESTÁ POR VIR APRENDA A FALAR A LÍNGUA DA CRIATIVIDADE BRINCAR TAMBÉM TEM SEU VALOR NEUTRALIZE A TURMA DO CONTRA DOCUMENTE AS OBJEÇÕES POR ESCRITO LEVE SEU PESSOAL CRIATIVO A LUGARES CRIATIVOS OS RICOS TAMBÉM SÃO GENTE MUDE TODO DIA, TODA HORA LANCE OS DADOS FUJA DOS PROCESSOS PERAMBULE PELA WIKIPÉDIA NÃO CONTE COM A CONTABILIDADE INVENTE FERIADOS INESPERADOS MISTURE TUDO TIRE UM COCHILO *C O N C L U S Ã O*

6

Uma das melhores maneiras de descobrir a paixão criativa potencial dos candidatos a emprego é perguntar sobre seus hobbies, especialmente os difíceis ou complexos, que demandam mais tempo ou que indicam um grande interesse por desafios intelectuais.

Por exemplo, no meu caso, eu era fanático por radioamadorismo, assim como a maioria dos nerds dos anos 1950 e 1960. O radioamador possuía uma tecnologia avançada, porém acessível a todos, e se você conseguisse descobrir como montar um, poderia falar de graça com alguém na Europa, quando um telefonema transatlântico não sairia por menos de vinte dólares (uma pequena fortuna na época). E também tinha um benefício social: de repente, você se via capaz de conversar com pessoas do mundo todo e aprender com elas.

Meu primeiro emprego foi na Ampex, empresa de vídeo e áudio, pioneira dos gravadores de vídeo, onde aprendi a arte da engenharia de vídeo. Meu gestor, Kurt Wallace, me contratou, em parte, por ter se impressionado com meu interesse pelo radioamadorismo.

Ou vejamos o exemplo de Al Alcorn, o engenheiro mais criativo que já conheci. Costumo receber muito crédito por coisas que ele inventou. Ele estava sempre trabalhando em projetos paralelos, criando brinquedinhos dos quais se orgulhava muito. Seu entusiasmo pelos hobbies, que em geral envolviam carros, se refletia na sua paixão pelo trabalho.

Lembro-me de ter contratado um homem que me impressionou porque não conseguia parar de falar sobre o ferromodelismo, passatempo que consiste na montagem de trenzinhos de brinquedo. Ele dedicou grande parte de seu porão para montar uma estrutura ferroviária em miniatura — na Califórnia, a maioria das casas não tem porão, mas, como explicou, ele se recusava a morar em uma casa sem porão. Sua paixão por modelos de trens acabou se mostrando útil ao projetar nosso joystick. Na verdade, ele conseguia criar qualquer pequeno mecanismo do qual precisávamos, porque tinha o que acabei chamando de "inteligência datílica" (nos dedos).

Um candidato a emprego me abordou com o design de game mais complicado que eu já tinha visto, com esboços intrincados e regras misteriosas. Achei que o jogo em si era horrível, mas me surpreendi com aquele hobby — criar games intricados — e o processo de criação do candidato. Tanto que acabamos por contratá-lo.

Outro candidato propôs um game para usuários de maconha: basicamente, uma sucessão de belas imagens surgindo e se movendo em sincronia com a música. Como eu sabia que muitos dos nossos colaboradores fumavam maconha, achei que poderia ser um produto interessante. Eu o contratei, e acabamos fazendo o game. Foi um enorme fracasso, mas pelo menos estávamos na crista da onda. (Ei, afinal, era a Califórnia do início dos anos 1970.)

Os hobbies não são apenas um sinal de paixão e criatividade. Quando você tem um hobby, está sempre ampliando seu conhecimento. O engenheiro aficionado por ferromodelismo, por exemplo, estudou layouts de trens de diferentes eras para decidir qual tipo ele queria replicar. Acabou se interessando pelo processo no qual o carvão é transformado em vapor para movimentar um trem. Os detalhes da expansão do gás podem não parecer um conhecimento prático, mas alguém com esse tipo de interesse pode acabar

INVESTIGUE OS HOBBIES

sendo a pessoa perfeita para ajudar a criar personagens pneumáticos animados em uma rede de pizzarias.

Na verdade, quando contratei muitos dos engenheiros da Chuck E. Cheese's, nem imaginava que um dia faríamos bonecos de animais cantantes e dançantes. Quando decidimos fazer isso, esses colaboradores foram capazes de dar conta do recado em virtude de seus interesses e hobbies absurdamente diversificados.

No mundo dos negócios, é possível encontrar incontáveis exemplos de pessoas que usam seus hobbies para aumentar a produtividade. Stephen Gillett, o vice-presidente executivo e diretor de operações da Symantec (ex-presidente da Best Buy Digital e vice-presidente executivo de empreendimentos digitais da Starbucks), reconheceu em público que sua obsessão pelo jogo de RPG online *World of Warcraft* o ajudava a administrar suas tarefas no trabalho. Outros chegaram a abrir empresas com base em seus hobbies. Megan Duckett, a empresária americana nascida na Austrália que trabalhava em uma empresa de planejamento de eventos, começou a costurar no tempo livre. Depois de fazer forros de caixões decorativos para a festa de Halloween de sua empresa, percebeu que tinha encontrado um nicho. Duckett se demitiu de seu emprego fixo em 1996, quando a renda proveniente de seus projetos paralelos já superava seu salário. Em 2011, sua empresa de drapeados para cenários teatrais gerou US$ 6,2 milhões em vendas.

O que une e motiva as pessoas criativas é sua paixão pelo conhecimento diversificado. Hobbies levados a sério são um sinal dessa paixão. No livro *De onde vêm as boas ideias*, o autor Steven Johnson escreve: "Inovadores lendários como Franklin... e Darwin possuem algumas qualidades intelectuais em comum — uma certa agilidade mental, uma curiosidade sem limites —, mas também compartilham outro atributo decisivo. Eles têm muitos hobbies".

I N T R O D U Ç Ã O
TRANSFORME O ESCRITÓRIO EM UM ANÚNCIO DA EMPRESA
ADOTE PONGS FLEXÍVEIS SEJA CRIATIVO EM SEUS ANÚNCIOS
PROCURE PAIXÃO E INTENSIDADE IGNORE AS CREDENCIAIS
INVESTIGUE OS HOBBIES **PEÇA INDICAÇÕES A SEUS COLABORADORES** EVITE CONTRATAR CLONES CONTRATE
OS ANTIPÁTICOS CONTRATE OS LOUCOS ENCONTRE
VÍTIMAS DE BULLYING PROCURE OS "OLHEIROS" PERGUNTE
SOBRE LIVROS LEVE OS CANDIDATOS PARA VELEJAR
CONTRATE DEBAIXO DO SEU NARIZ VASCULHE O TWITTER
VISITE COMUNIDADES CRIATIVAS TOME CUIDADO COM OS
IMPOSTORES FAÇA PERGUNTAS INUSITADAS APROFUNDE
SUAS ENTREVISTAS CELEBRE INSTITUA ALGUM GRAU
DE ANARQUIA RECEBA AS PEGADINHAS DE BRAÇOS
ABERTOS CRIE UM REFÚGIO PARA SEUS TALENTOS CRIATIVOS
CRIE UM AMBIENTE JUSTO REFUGIE-SE NO ISOLAMENTO
DEFENDA AS MÁS IDEIAS CELEBRE OS FRACASSOS EXIJA
O RISCO RECOMPENSE AS PISADAS DE BOLA PROMOVA O
MENTORING TRATE OS COLABORADORES COMO ADULTOS
MONTE UMA CADEIA CRIATIVA MONTE UM ESPAÇO CRIATIVO
INSTITUA UM DIA DE DEMONSTRAÇÃO INCENTIVE O TDAH
MOSTRE UM POUCO DO QUE ESTÁ POR VIR APRENDA A
FALAR A LÍNGUA DA CRIATIVIDADE BRINCAR TAMBÉM
TEM SEU VALOR NEUTRALIZE A TURMA DO CONTRA
DOCUMENTE AS OBJEÇÕES POR ESCRITO LEVE SEU PESSOAL
CRIATIVO A LUGARES CRIATIVOS OS RICOS TAMBÉM
SÃO GENTE MUDE TODO DIA, TODA HORA LANCE OS
DADOS FUJA DOS PROCESSOS PERAMBULE PELA
WIKIPÉDIA NÃO CONTE COM A CONTABILIDADE INVENTE
FERIADOS INESPERADOS MISTURE TUDO TIRE UM COCHILO
C O N C L U S Ã O

7

Uma das melhores maneiras de encontrar pessoal criativo é delegar. As pessoas tendem a se agarrar à autoridade de contratar. Adoram ter o poder de contratar e não gostam de dividir esse poder.

Delegue. Compartilhe. A menos que a busca de candidatos precise ser mantida em sigilo, o melhor jeito de encontrar pessoas criativas é pedindo a ajuda de seu próprio pessoal criativo. Seus colaboradores são um verdadeiro baú do tesouro de possibilidades. Mobilize-os para localizar pessoas com as quais já trabalharam. Afinal, a melhor maneira de conhecer as competências de uma pessoa é trabalhando com ela.

Todo mundo tem uma pequena lista de pessoas com quem adoraria voltar a trabalhar, bem como uma lista de pessoas que não quere ver nem pintadas de ouro. Peça que as pessoas revelem essas listas.

Essa forma de contratação está aos poucos sendo incorporada ao DNA do Vale do Silício. Eu mesmo apliquei implacavelmente essa técnica na Atari. Extraí referências da Ampex até os ossos. Três das minhas melhores contratações — Al Alcorn, Steve Bristow e Steve Mayer — vieram da Ampex, bem como uns vinte outros. Cheguei a "roubar" a enfermeira da fábrica da Ampex, que todo mundo dizia que era excepcional. E isso foi muito antes de precisarmos de uma enfermeira de fábrica. Eu só queria ter uma pessoa tão excepcional trabalhando conosco.

Quando a Apple foi formada, Steve Wozniak contratou colaboradores de sua antiga empresa, a Hewlett-Packard, e Steve Jobs angariou colaboradores da Atari tão impiedosamente quanto eu da Ampex. Perdi um pessoal excelente para Steve. Mas um cara que eles não conseguiram tirar de mim foi Ron Wayne, um brilhante engenheiro mecânico que foi convidado para ser um partner da Apple. Ele recusou a oferta. Ron já tinha trabalhado em uma *startup* e preferia algo mais estável. Se tivesse aceitado a oferta e ficado na Apple, hoje a sua participação valeria uns US$ 20 bilhões.

INTRODUÇÃO TRANSFORME O ESCRITÓRIO EM UM ANÚNCIO DA EMPRESA ADOTE PONGS FLEXÍVEIS SEJA CRIATIVO EM SEUS ANÚNCIOS PROCURE PAIXÃO E INTENSIDADE IGNORE AS CREDENCIAIS INVESTIGUE OS HOBBIES PEÇA INDICAÇÕES A SEUS COLABORADORES **EVITE CONTRATAR CLONES** CONTRATE OS ANTIPÁTICOS CONTRATE OS LOUCOS ENCONTRE VÍTIMAS DE BULLYING PROCURE OS "OLHEIROS" PERGUNTE SOBRE LIVROS LEVE OS CANDIDATOS PARA VELEJAR CONTRATE DEBAIXO DO SEU NARIZ VASCULHE O TWITTER VISITE COMUNIDADES CRIATIVAS TOME CUIDADO COM OS IMPOSTORES FAÇA PERGUNTAS INUSITADAS APROFUNDE SUAS ENTREVISTAS CELEBRE INSTITUA ALGUM GRAU DE ANARQUIA RECEBA AS PEGADINHAS DE BRAÇOS ABERTOS CRIE UM REFÚGIO PARA SEUS TALENTOS CRIATIVOS CRIE UM AMBIENTE JUSTO REFUGIE-SE NO ISOLAMENTO DEFENDA AS MÁS IDEIAS CELEBRE OS FRACASSOS EXIJA O RISCO RECOMPENSE AS PISADAS DE BOLA PROMOVA O MENTORING TRATE OS COLABORADORES COMO ADULTOS MONTE UMA CADEIA CRIATIVA MONTE UM ESPAÇO CRIATIVO INSTITUA UM DIA DE DEMONSTRAÇÃO INCENTIVE O TDAH MOSTRE UM POUCO DO QUE ESTÁ POR VIR APRENDA A FALAR A LÍNGUA DA CRIATIVIDADE BRINCAR TAMBÉM TEM SEU VALOR NEUTRALIZE A TURMA DO CONTRA DOCUMENTE AS OBJEÇÕES POR ESCRITO LEVE SEU PESSOAL CRIATIVO A LUGARES CRIATIVOS OS RICOS TAMBÉM SÃO GENTE MUDE TODO DIA, TODA HORA LANCE OS DADOS FUJA DOS PROCESSOS PERAMBULE PELA WIKIPÉDIA NÃO CONTE COM A CONTABILIDADE INVENTE FERIADOS INESPERADOS MISTURE TUDO TIRE UM COCHILO CONCLUSÃO

8

A maioria dos departamentos de recursos humanos dirá que busca contratar uma gama diversificada de colaboradores. Isso é bom. Contudo, existe outro tipo importante de diversidade no qual o pessoal de RH não costuma acreditar: a diversidade criativa. O RH tende a contratar pessoas com o mesmo perfil profissional, vez após vez, apesar de diferentes etnias ou sexo. São pessoas que, seja qual for sua raça, orientação sexual ou religião, frequentaram as mesmas escolas e faculdades, acreditam nas mesmas coisas e se vestem do mesmo jeito.

Infelizmente, a maioria das empresas busca a homogeneidade. Mas a homogeneidade não leva à criatividade. Ninguém quer uma empresa homogênea, em que todo mundo é intercambiável. Você quer uma empresa variada, com grandes singularidades. E, em uma empresa variada, essas singularidades são as pessoas excepcionais.

A cultura corporativa, contudo, tenta nivelar as diferenças, e a maioria das empresas acaba uniforme, homogênea. E, para garantir essa uniformidade, elas se livram das pessoas não convencionais, justamente aquelas que poderiam levar a empresa ao sucesso.

Se você tiver um departamento de recursos humanos, pergunte às pessoas que trabalham lá quantos engenheiros da empresa largaram a faculdade, quantos profissionais de marketing têm o braço coberto de tatuagens e quantos redatores publicitários se vestem com roupas esquisitas. (Não se surpreenda se a resposta for zero.) Se acontecer de você ser o gestor, diga a seu pessoal que, em vez de contratar candidatos imaculadamente vestidos, munidos de diplomas universitários, este mês você quer que eles cumpram uma cota de candidatos que não concluíram o ensino médio. Sem as credenciais de sempre para orientá-los, precisarão encontrar maneiras interessantes de descobrir quais candidatos que largaram a escola são realmente excepcionais. Não é fácil, mas as recompensas podem ser enormes.

A contratação de uma pessoa criativa implica acolher os riscos, não mitigá-los. Então, se você está abrindo uma empresa, talvez sua primeira tarefa seja encontrar um pessoal criativo para indicar outros colaboradores criativos.

Receba de braços abertos o pessoal de cabelos cor-de-rosa

Hoje, o ecletismo é incrivelmente desvalorizado no mercado de trabalho. Não deixe sua empresa rejeitar candidatos só porque se vestem de um jeito diferente, pintam o cabelo de rosa ou usam acessórios esquisitos. Um pouco de insanidade no jeito de se vestir só beneficia a organização. Toda empresa precisa de diversidade física e intelectual. Como vimos, esse tipo de pessoa tende a ser criativo.

E não se esqueça de que, se estão tentando vender seus produtos ou serviços a clientes que pintam o cabelo de rosa ou têm tatuagens esquisitas, e vocês não empregam pessoas assim, não farão ideia de como atrair esses clientes.

Algumas das melhores pessoas que já contratei poderiam ser consideradas um tanto bizarras. Por exemplo, o homem que criou o chip para o *Pong*, Harold Lee, era gigantesco, dirigia uma Harley cheia de acessórios e tinha uma enorme barba grisalha e cabelos compridos e desgrenhados, que desconfio, nunca foram lavados. Harold era um brilhante designer de chips. E tenho certeza de que teria muita dificuldade de conseguir um emprego na IBM.

INTRODUÇÃO TRANSFORME O ESCRITÓRIO EM UM ANÚNCIO DA EMPRESA ADOTE PONGS FLEXÍVEIS SEJA CRIATIVO EM SEUS ANÚNCIOS PROCURE PAIXÃO E INTENSIDADE IGNORE AS CREDENCIAIS INVESTIGUE OS HOBBIES PEÇA INDICAÇÕES A SEUS COLABORADORES EVITE CONTRATAR CLONES **CONTRATE OS ANTIPÁTICOS** CONTRATE OS LOUCOS ENCONTRE VÍTIMAS DE BULLYING PROCURE OS "OLHEIROS" PERGUNTE SOBRE LIVROS LEVE OS CANDIDATOS PARA VELEJAR CONTRATE DEBAIXO DO SEU NARIZ VASCULHE O TWITTER VISITE COMUNIDADES CRIATIVAS TOME CUIDADO COM OS IMPOSTORES FAÇA PERGUNTAS INUSITADAS APROFUNDE SUAS ENTREVISTAS CELEBRE INSTITUA ALGUM GRAU DE ANARQUIA RECEBA AS PEGADINHAS DE BRAÇOS ABERTOS CRIE UM REFÚGIO PARA SEUS TALENTOS CRIATIVOS CRIE UM AMBIENTE JUSTO REFUGIE-SE NO ISOLAMENTO DEFENDA AS MÁS IDEIAS CELEBRE OS FRACASSOS EXIJA O RISCO RECOMPENSE AS PISADAS DE BOLA PROMOVA O MENTORING TRATE OS COLABORADORES COMO ADULTOS MONTE UMA CADEIA CRIATIVA MONTE UM ESPAÇO CRIATIVO INSTITUA UM DIA DE DEMONSTRAÇÃO INCENTIVE O TDAH MOSTRE UM POUCO DO QUE ESTÁ POR VIR APRENDA A FALAR A LÍNGUA DA CRIATIVIDADE BRINCAR TAMBÉM TEM SEU VALOR NEUTRALIZE A TURMA DO CONTRA DOCUMENTE AS OBJEÇÕES POR ESCRITO LEVE SEU PESSOAL CRIATIVO A LUGARES CRIATIVOS OS RICOS TAMBÉM SÃO GENTE MUDE TODO DIA, TODA HORA LANCE OS DADOS FUJA DOS PROCESSOS PERAMBULE PELA WIKIPÉDIA NÃO CONTE COM A CONTABILIDADE INVENTE FERIADOS INESPERADOS MISTURE TUDO TIRE UM COCHILO *CONCLUSÃO*

9

Uma obviedade comum no mundo dos negócios de hoje é que colaboradores agradáveis são bons colaboradores. Entretanto, os desagradáveis podem ser ainda melhores.

Um exemplo de comportamento desagradável é a arrogância desenfreada. No entanto, em alguns casos, a arrogância pode ser justificada porque essas pessoas, de fato, são as mais espertas da sala e realmente têm um grande valor para a empresa. É desagradável da parte delas sair se gabando disso? Sim. Contudo, quando você tem um problema que requer um cérebro poderosíssimo, precisa dessas pessoas para dar conta do recado.

Você pode achar que ter pessoas detestáveis por perto acabará com o moral da empresa, mas não precisa ser assim. O escritório pode até ficar mais divertido com uma pitada de arrogância. Vocês se acostumam a dizer "Veja se o George consegue resolver esse problema" enquanto reviram os olhos. O jeito abominável do George vira uma piada no escritório. E George não dá a mínima se as pessoas não gostam dele. Ele passou a vida inteira sabendo disso. Com efeito, alguns dos Georges Arrogantes que conheço veem sua impopularidade como uma medalha de honra.

No entanto, não é bom ter muitos Georges Arrogantes na empresa. Se todo mundo for a pessoa mais esperta da sala, a expressão "mais esperta" deixa de fazer sentido. Por sorte só existe um punhado de pessoas realmente inteligentes e arrogantes por aí e você definitivamente vai querer contratá-los.

Quando fizer isso, pode alertar os outros empregados: "George vai começar na segunda-feira. Vocês não vão gostar dele. Nem precisam. Mas ele é brilhante e vai ajudar a nossa empresa a melhorar. Não se preocupem em chamá-lo para almoçar com vocês".

De qualquer maneira, George provavelmente não vai querer almoçar com os colegas nem vai querer sair para um happy hour. Ele vai até revirar os olhos quando você falar sobre seus interesses, porque os dele inevitavelmente serão muito mais relevantes.

Receba de braços abertos os arrogantes do mundo. Eles procurarão sua empresa se a virem como um refúgio seguro. Steve Jobs sabia que a Atari era o tipo de lugar que lhe permitiria crescer, por mais arrogante que ele pudesse parecer. Talvez todo mundo tenha um potencial criativo, mas só os arrogantes têm confiança suficiente para impor suas ideias criativas aos outros. Steve acreditava que tinha sempre razão e se dispunha a pressionar com mais intensidade e por mais tempo que outras pessoas, que até podiam ter ideias igualmente boas, mas que cediam sob pressão.

INTRODUÇÃO TRANSFORME O ESCRITÓRIO EM UM ANÚNCIO DA EMPRESA ADOTE PONGS FLEXÍVEIS SEJA CRIATIVO EM SEUS ANÚNCIOS PROCURE PAIXÃO E INTENSIDADE IGNORE AS CREDENCIAIS INVESTIGUE OS HOBBIES PEÇA INDICAÇÕES A SEUS COLABORADORES EVITE CONTRATAR CLONES CONTRATE OS ANTIPÁTICOS **CONTRATE OS LOUCOS** ENCONTRE VÍTIMAS DE BULLYING PROCURE OS "OLHEIROS" PERGUNTE SOBRE LIVROS LEVE OS CANDIDATOS PARA VELEJAR CONTRATE DEBAIXO DO SEU NARIZ VASCULHE O TWITTER VISITE COMUNIDADES CRIATIVAS TOME CUIDADO COM OS IMPOSTORES FAÇA PERGUNTAS INUSITADAS APROFUNDE SUAS ENTREVISTAS CELEBRE INSTITUA ALGUM GRAU DE ANARQUIA RECEBA AS PEGADINHAS DE BRAÇOS ABERTOS CRIE UM REFÚGIO PARA SEUS TALENTOS CRIATIVOS CRIE UM AMBIENTE JUSTO REFUGIE-SE NO ISOLAMENTO DEFENDA AS MÁS IDEIAS CELEBRE OS FRACASSOS EXIJA O RISCO RECOMPENSE AS PISADAS DE BOLA PROMOVA O MENTORING TRATE OS COLABORADORES COMO ADULTOS MONTE UMA CADEIA CRIATIVA MONTE UM ESPAÇO CRIATIVO INSTITUA UM DIA DE DEMONSTRAÇÃO INCENTIVE O TDAH MOSTRE UM POUCO DO QUE ESTÁ POR VIR APRENDA A FALAR A LÍNGUA DA CRIATIVIDADE BRINCAR TAMBÉM TEM SEU VALOR NEUTRALIZE A TURMA DO CONTRA DOCUMENTE AS OBJEÇÕES POR ESCRITO LEVE SEU PESSOAL CRIATIVO A LUGARES CRIATIVOS OS RICOS TAMBÉM SÃO GENTE MUDE TODO DIA, TODA HORA LANCE OS DADOS FUJA DOS PROCESSOS PERAMBULE PELA WIKIPÉDIA NÃO CONTE COM A CONTABILIDADE INVENTE FERIADOS INESPERADOS MISTURE TUDO TIRE UM COCHILO *CONCLUSÃO*

10

Há uma linha tênue entre a criatividade e a insanidade. Não estou falando da insanidade clínica — não há nada de bom nisso. Mas existe um tipo de loucura funcional que deve se fazer presente em qualquer escritório criativo, do tipo que emana de colaboradores que têm ideias malucas, conceitos insanos e noções absurdas.

O problema da maioria das empresas é que, quanto mais loucas forem as ideias apresentadas pelo pessoal criativo, menos chances essas empresas têm de endossar e promover essas ideias. No entanto, quando anunciadas pela primeira vez, algumas das melhores ideias que revolucionaram o mundo foram recebidas com protestos de "Isso é uma completa maluquice!".

Sinceramente, passei a maior parte da minha vida com pessoas me dizendo que eu tinha enlouquecido. Todo mundo achou que minha ideia de fundar a Atari era uma maluquice. Meus associados da Ampex me puxaram para um canto para me dizer que a ideia de jogar games em uma tela de vídeo era absolutamente ridícula — na época, as únicas imagens vistas em uma tela eram as da televisão. Até a ideia de criar uma imagem era considerada maluca. Lembro-me de uma pessoa muito inteligente me perguntando como a estação de televisão receberia os comandos de um jogador de *Pong*. E, naturalmente, o conceito de animais falantes em uma pizzaria gigante também foi considerado uma ideia temerária. Até hoje, quando uso essas palavras para explicar a Chuck E. Cheese's, as pessoas dão risada.

Nem todas as ideias malucas deram certo, é claro; às vezes a loucura precisa vir no momento certo. Na década de 1980, quando trabalhava na minha ideia de um robô doméstico (veja o pong 29), as pessoas achavam que a noção de ter pequenos robôs andando pela casa era absurda. Acontece que a tecnologia ainda não estava disponível. E ainda acredito que um dia teremos robôs em casa. Na minha cabeça, é loucura imaginar um futuro sem eles. Entretanto, perdi as contas do número de vezes em que as pessoas me olham com o olhar vazio quando me ponho a falar sem parar sobre o tema.

E, quando falo sobre carros robóticos com piloto automático, as pessoas também me olham como seu eu tivesse perdido toda a noção — e mesmo assim esses carros provavelmente levarão só mais uns cinco anos para se transformar em realidade. Juntando o trabalho realizado pelo Google, pela BMW e várias empresas japonesas, é possível dizer que a tecnologia já foi criada. E, assim que os custos ficarem razoáveis, vai acontecer.

As pessoas também clamaram "Loucura!" quando ouviram falar de coisas como o telefone. Por que alguém iria querer conversar sem ver o interlocutor, quando bastaria atravessar a rua para falar pessoalmente? Avião? Loucura! Se as pessoas fossem feitas para voar, Deus teria nos dado asas! O automóvel? Loucura! É barulhento demais e vive quebrando. Use um cavalo, seu doido!

Quando Jeff Bezos quis abrir uma livraria online no início dos anos 1990, teve dificuldade de encontrar pessoas dispostas a financiar o empreendimento. Mas a Amazon.com foi um sucesso estrondoso. Ou vejamos a história de Sara Blakely, que cortou as pontas de suas meias-calças para criar um novo produto. Feito isso, registrou a patente de sua meia-calça sem pés e tentou encontrar alguém, qualquer um, disposto a bancar a ideia. "Loucura!", foi a resposta em uníssono. Ninguém quis saber da ideia. Depois de muito persistir, finalmente encontrou um sócio e, em 2000, começou a vender o produto que batizou de Spanx. Hoje, Blakely está na lista de bilionários da Forbes.

Quase todas as ideias criativas podem parecer maluquice quando apresentadas pela primeira vez. A maioria das pessoas não tem imaginação criativa, de modo que elas simplesmente não entendem o que a pessoa criativa está dizendo. E as pessoas tendem a temer o que não entendem. Isso agrava ainda mais o problema. Então, se vocês não conseguirem atrair à empresa algumas pessoas que parecem loucas, comparadas com a norma, provavelmente não terão uma organização criativa.

Bird deve ter sido a pessoa mais criativa e maluca que já empreguei. Com braços e pernas compridos, tinha mais de dois metros de altura e menos de 70 quilos — nunca vimos alguém tão magricela. Ele se movia como um pássaro, daí seu apelido.

Bird só tinha uma velocidade: rápido. Ia correndo — literalmente — para o trabalho (a alguns quilômetros de sua casa), exceto quando chovia pesado e ia dirigindo seu Fusca, com cada lado pintado de uma cor diferente. Vê-lo sair do Fusca era como assistir a seis palhaços de circo emergir de um carro minúsculo — parecia impossível que aquelas pernas compridas pudessem caber no carro, quanto mais encontrar uma saída.

Bird transformou sua sala em um misto de oficina e escritório, com mesas encostadas em todas as paredes e um espaço de menos de dois metros quadrados no meio, onde ele ficava em pé. (Todas as mesas eram posicionadas para que pudesse trabalhar de pé.)

Bird falava com um pesado sotaque eslavo, e era quase impossível entender o que dizia, o que significava que ele não conseguia explicar suas ideias a ninguém. Mas sabia fazer protótipos. Muitas de suas engenhocas eram incompreensíveis, mesmo com o protótipo. Mas, de vez em quando, em intervalos de alguns meses, ele vinha com um tesouro. Na época, fazíamos brinquedos, e ele conseguiu inventar funções incríveis para nossos animais de estimação eletrônicos. Por exemplo, ele foi capaz de descobrir uma maneira de fazer nossos gatos ronronarem com peças de 30 centavos. Um verdadeiro gênio maluco!

Como no caso de Steve Jobs, foi Bird quem encontrou a Axlon, e não o contrário. Ele tinha ouvido falar que eu era o único sujeito capaz de entender suas ideias e acampou na minha empresa de brinquedos com uma caixa cheia de coisas que tinha inventado, até cavar uma entrevista comigo. (Ele se recusou a conversar com qualquer outra pessoa.) Bird ficou conosco até ser deportado de volta à Croácia.

O próprio Steve Jobs tinha ideias malucas. Veja o exemplo do iPod. Na época em que o iPod foi inventado, a Apple estava tendo sérios problemas com seus computadores. Steve poderia ter alocado seu pessoal para se dedicar a melhorar o sistema operacional dos computadores. No entanto, decidiu dedicar sua energia e recursos ao desenvolvimento de um player de música, em vez de um computador, algo que nenhum outro fabricante de computadores jamais tinha feito ou tinha pensado em fazer. Imagine a Dell entrando na indústria da música! Quando ouviram seus planos, sei que muita gente na Apple achou que Steve tinha enlouquecido. Mas deu certo. Deu muito certo.

Ideias malucas

"É impossível que os nobres órgãos da fala humana possam ser substituídos por metal ignóbil e insensível."
Jean Bouillaud, membro da Academia Francesa de Ciências em uma demonstração do fonógrafo, 1878.

"Máquinas voadoras mais pesadas que o ar são impossíveis."
Lord Kelvin, presidente da Sociedade Real Britânica, 1895.

"O cavalo chegou para ficar, mas o automóvel não passa de um modismo, uma onda passageira."
Presidente do Michigan Savings Bank, aconselhando o advogado de Henry Ford a não investir na Ford Motor Company, 1903.

"Acho que deve haver um mercado para uns cinco computadores."
Thomas J. Watson, presidente do conselho da IBM, 1943.

"O vídeo não conseguirá manter qualquer mercado que capturar depois dos seis primeiros meses. As pessoas logo se cansarão de olhar para uma caixa de madeira toda noite."
Darryl Zanuck, presidente da 20th Century Fox Studios, 1946.

"O mercado global potencial para as máquinas copiadoras é de, no máximo, cinco mil."
IBM, aos eventuais fundadores da Xerox, explicando por que o mercado de fotocopiadoras não era grande o suficiente para justificar a produção, 1959.

"Não há qualquer razão para que uma pessoa tenha um computador em casa."
Ken Olsen, presidente da Digital Equipment Corporation, na convenção da World Future Society, 1977.

INTRODUÇÃO TRANSFORME O ESCRITÓRIO EM UM ANÚNCIO DA EMPRESA ADOTE PONGS FLEXÍVEIS SEJA CRIATIVO EM SEUS ANÚNCIOS PROCURE PAIXÃO E INTENSIDADE IGNORE AS CREDENCIAIS INVESTIGUE OS HOBBIES PEÇA INDICAÇÕES A SEUS COLABORADORES EVITE CONTRATAR CLONES CONTRATE OS ANTIPÁTICOS CONTRATE OS LOUCOS **ENCONTRE VÍTIMAS DE BULLYING** PROCURE OS "OLHEIROS" PERGUNTE SOBRE LIVROS LEVE OS CANDIDATOS PARA VELEJAR CONTRATE DEBAIXO DO SEU NARIZ VASCULHE O TWITTER VISITE COMUNIDADES CRIATIVAS TOME CUIDADO COM OS IMPOSTORES FAÇA PERGUNTAS INUSITADAS APROFUNDE SUAS ENTREVISTAS CELEBRE INSTITUA ALGUM GRAU DE ANARQUIA RECEBA AS PEGADINHAS DE BRAÇOS ABERTOS CRIE UM REFÚGIO PARA SEUS TALENTOS CRIATIVOS CRIE UM AMBIENTE JUSTO REFUGIE-SE NO ISOLAMENTO DEFENDA AS MÁS IDEIAS CELEBRE OS FRACASSOS EXIJA O RISCO RECOMPENSE AS PISADAS DE BOLA PROMOVA O MENTORING TRATE OS COLABORADORES COMO ADULTOS MONTE UMA CADEIA CRIATIVA MONTE UM ESPAÇO CRIATIVO INSTITUA UM DIA DE DEMONSTRAÇÃO INCENTIVE O TDAH MOSTRE UM POUCO DO QUE ESTÁ POR VIR APRENDA A FALAR A LÍNGUA DA CRIATIVIDADE BRINCAR TAMBÉM TEM SEU VALOR NEUTRALIZE A TURMA DO CONTRA DOCUMENTE AS OBJEÇÕES POR ESCRITO LEVE SEU PESSOAL CRIATIVO A LUGARES CRIATIVOS OS RICOS TAMBÉM SÃO GENTE MUDE TODO DIA, TODA HORA LANCE OS DADOS FUJA DOS PROCESSOS PERAMBULE PELA WIKIPÉDIA NÃO CONTE COM A CONTABILIDADE INVENTE FERIADOS INESPERADOS MISTURE TUDO TIRE UM COCHILO CONCLUSÃO

11

Muitas pessoas criativas acreditam em si mesmas e na própria criatividade. Em geral, elas foram as mais espertas de todas as crianças da turma — e ainda acreditam nisso. E costumam estar certas. É por isso que podem ser tão desagradáveis (ver o pong 9).

Muitas outras pessoas criativas, contudo, foram intimidadas e ridicularizadas por serem diferentes, por terem ideias estranhas ou por se vestirem de um jeito esquisito. As outras crianças zombavam delas o tempo todo. Os professores tentavam botar algum juízo na cabeça delas. Os pais se desesperavam ao pensar que os filhos jamais seriam "normais".

Algumas dessas crianças revidavam, mas muitas nunca se defendiam. Nada faz as pessoas se conformarem mais rapidamente que o medo de se machucar, de serem intimidadas ou ridicularizadas. A dor é um grande motivador.

Da mesma forma como as outras crianças, professores e pais podem destruir a criatividade de uma criança, as empresas também podem minar a criatividade de seus colaboradores, destruindo sua autoconfiança ao longo do caminho. Isso é particularmente verdadeiro se a identidade da pessoa se fundamenta na criatividade. É quase impossível manter sua autoestima se você propõe uma ideia interessante após a outra, e sua empresa se recusa a adotar qualquer uma delas — ou até mesmo deixa de levá-las em consideração. Pior ainda, a empresa pode ridicularizar suas ideias.

Essa reação é uma forma de bullying tão degradante quanto a versão do pátio da escola. Isso deixa uma pessoa criativa extremamente frustrada e infeliz. Afinal, todas aquelas grandes ideias que ela achava que estava levando à empresa não deram em nada, e agora ela fica largada em sua sala, sentindo-se mal pela sua incapacidade de executar.

Um grande número de empresas se vangloria das pessoas criativas que têm na equipe. Mas essas mesmas empresas não necessariamente levam a cabo as ideias criativas. Sabem que sairão bem na fita, gabando-se de serem empresas criativas, mesmo se não deixarem seu pessoal criativo agir com liberdade. Enquanto isso, seu pessoal criativo, infeliz e subutilizado, vai aos poucos sendo treinado para acreditar que a criatividade só os deixará em apuros. Assim, em sua próxima entrevista de emprego, essas pessoas minimizam sua criatividade. "Não quero mais passar por isso", decidem. "Dessa vez, não vou arriscar". Essas pessoas criativas precisam encontrar um emprego em que possam ser, digamos, inventivas — em outras palavras, em que possam ser elas mesmas. Em algum ponto você entrevistará uma pessoa como essa para um emprego. Tire-a da toca. Deixe-a à vontade. Ela pode não ter sido capaz de realizar nada em seu último emprego, mas leve-a a falar sobre suas vitórias criativas antes disso. Ela pode ter vencido um concurso de poesia na escola, ganhado o primeiro prêmio em uma feira de ciências ou atuado no papel principal no teatro do bairro. Com o tempo, ela aprendeu a esconder esse lado, que na verdade é sua característica mais interessante e valiosa.

Alguns de meus melhores colaboradores vieram de empresas nas quais seus talentos foram totalmente desperdiçados. Lembro-me de uma empresa particularmente tóxica que costumava fazer um pequeno show com as ideias criativas de seus colaboradores. Elas nunca levavam essas ideias ao mercado, mas queriam exibi-las para se gabar de sua originalidade. Os colaboradores que se destacavam nesses eventos nunca conseguiam vender suas ideias em qualquer outro momento. Aqueles eventos acabaram se transformando em uma espécie de feira de emprego para essas pessoas, que eram escolhidas por outros empregadores capazes de enxergar e valorizar seu potencial.

Um alerta às empresas que se recusam a promover seu pessoal criativo: não façam um show para apregoar esses colaboradores aos concorrentes.

INTRODUÇÃO O
TRANSFORME O ESCRITÓRIO EM UM ANÚNCIO DA EMPRESA
ADOTE PONGS FLEXÍVEIS SEJA CRIATIVO EM SEUS ANÚNCIOS
PROCURE PAIXÃO E INTENSIDADE IGNORE AS CREDENCIAIS
INVESTIGUE OS HOBBIES PEÇA INDICAÇÕES A SEUS
COLABORADORES EVITE CONTRATAR CLONES CONTRATE
OS ANTIPÁTICOS CONTRATE OS LOUCOS ENCONTRE
VÍTIMAS DE BULLYING **PROCURE OS "OLHEIROS"** PERGUNTE
SOBRE LIVROS LEVE OS CANDIDATOS PARA VELEJAR
CONTRATE DEBAIXO DO SEU NARIZ VASCULHE O TWITTER
VISITE COMUNIDADES CRIATIVAS TOME CUIDADO COM OS
IMPOSTORES FAÇA PERGUNTAS INUSITADAS APROFUNDE
SUAS ENTREVISTAS CELEBRE INSTITUA ALGUM GRAU
DE ANARQUIA RECEBA AS PEGADINHAS DE BRAÇOS
ABERTOS CRIE UM REFÚGIO PARA SEUS TALENTOS CRIATIVOS
CRIE UM AMBIENTE JUSTO REFUGIE-SE NO ISOLAMENTO
DEFENDA AS MÁS IDEIAS CELEBRE OS FRACASSOS EXIJA
O RISCO RECOMPENSE AS PISADAS DE BOLA PROMOVA O
MENTORING TRATE OS COLABORADORES COMO ADULTOS
MONTE UMA CADEIA CRIATIVA MONTE UM ESPAÇO CRIATIVO
INSTITUA UM DIA DE DEMONSTRAÇÃO INCENTIVE O TDAH
MOSTRE UM POUCO DO QUE ESTÁ POR VIR APRENDA A
FALAR A LÍNGUA DA CRIATIVIDADE BRINCAR TAMBÉM
TEM SEU VALOR NEUTRALIZE A TURMA DO CONTRA
DOCUMENTE AS OBJEÇÕES POR ESCRITO LEVE SEU PESSOAL
CRIATIVO A LUGARES CRIATIVOS OS RICOS TAMBÉM
SÃO GENTE MUDE TODO DIA, TODA HORA LANCE OS
DADOS FUJA DOS PROCESSOS PERAMBULE PELA
WIKIPÉDIA NÃO CONTE COM A CONTABILIDADE INVENTE
FERIADOS INESPERADOS MISTURE TUDO TIRE UM COCHILO
CONCLUSÃO O

12

Outro dia mesmo dei uma palestra sobre minha nova paixão, a educação. Depois da palestra, um punhado de pessoas se aproximou, à espreita de uma chance de falar comigo, com os olhos brilhando de entusiasmo, mas um pouco tímidas.

Contratei duas delas.

A disposição de se levantar depois de uma palestra, abordar o palestrante e dizer o quanto você gostou das ideias apresentadas diz muito sobre você. Tenho um amigo que trabalha no setor de comunicações em Nova York, que selecionava e contratava seus assistentes a partir do grupo de pessoas que o abordavam depois de uma palestra para fazer perguntas.

Com efeito, muitas pessoas que conheço adotaram a prática regular de conhecer esses "olheiros"[1] e conversar com eles. Toda empresa, de qualquer tamanho, deve colocar pelo menos alguns representantes na estrada para falar com empolgação sobre a marca e passar recolhendo os olheiros. Esses representantes, contudo, devem ser convincentes. Um dos melhores atributos de Steve Jobs é que ele era um orador absolutamente hipnotizante — as pessoas chegavam a ficar histéricas quando o ouviam. Na primeira vez que o vi no palco, em uma conferência de desenvolvedores que poste-

---

1. N.E.: Tradução livre de *lurker*.

riormente foi disponibilizada ao público geral, ele estava usando sapatos da marca KEEN. Depois da apresentação, aquele estilo de sapatos KEEN passou meses esgotado.

Os olheiros são atraídos por oradores carismáticos como Steve. Basicamente, não importa qual seja o tema, todas as apresentações do representante da sua empresa devem vender a confiança na marca. (Se o CEO da empresa não for um bom orador, é necessário escolher um porta-voz abaixo na hierarquia da organização.) Se a mensagem acertar o alvo, e a evangelização for eficaz, os olheiros farão fila à sua porta.

Algumas das minhas melhores contratações foram de olheiros. Escolhi o diretor de franchising da Chuck E. Cheese em uma palestra que dei na Associação Nacional de Restaurantes, quando um olheiro me disse que adorava o que estávamos fazendo e era um especialista em franchising. Ele não estava mentindo e acabou realizando um excelente trabalho para nós. O vice-presidente de vendas na Atari, Gene Lipkin, me procurou depois de uma palestra, passou alguns minutos conversando comigo e perguntou se tinha um emprego para ele. Bingo! Ele foi contratado na hora.

INTRODUÇÃO TRANSFORME O ESCRITÓRIO EM UM ANÚNCIO DA EMPRESA ADOTE PONGS FLEXÍVEIS SEJA CRIATIVO EM SEUS ANÚNCIOS PROCURE PAIXÃO E INTENSIDADE IGNORE AS CREDENCIAIS INVESTIGUE OS HOBBIES PEÇA INDICAÇÕES A SEUS COLABORADORES EVITE CONTRATAR CLONES CONTRATE OS ANTIPÁTICOS CONTRATE OS LOUCOS ENCONTRE VÍTIMAS DE BULLYING PROCURE OS "OLHEIROS" **PERGUNTE SOBRE LIVROS** LEVE OS CANDIDATOS PARA VELEJAR CONTRATE DEBAIXO DO SEU NARIZ VASCULHE O TWITTER VISITE COMUNIDADES CRIATIVAS TOME CUIDADO COM OS IMPOSTORES FAÇA PERGUNTAS INUSITADAS APROFUNDE SUAS ENTREVISTAS CELEBRE INSTITUA ALGUM GRAU DE ANARQUIA RECEBA AS PEGADINHAS DE BRAÇOS ABERTOS CRIE UM REFÚGIO PARA SEUS TALENTOS CRIATIVOS CRIE UM AMBIENTE JUSTO REFUGIE-SE NO ISOLAMENTO DEFENDA AS MÁS IDEIAS CELEBRE OS FRACASSOS EXIJA O RISCO RECOMPENSE AS PISADAS DE BOLA PROMOVA O MENTORING TRATE OS COLABORADORES COMO ADULTOS MONTE UMA CADEIA CRIATIVA MONTE UM ESPAÇO CRIATIVO INSTITUA UM DIA DE DEMONSTRAÇÃO INCENTIVE O TDAH MOSTRE UM POUCO DO QUE ESTÁ POR VIR APRENDA A FALAR A LÍNGUA DA CRIATIVIDADE BRINCAR TAMBÉM TEM SEU VALOR NEUTRALIZE A TURMA DO CONTRA DOCUMENTE AS OBJEÇÕES POR ESCRITO LEVE SEU PESSOAL CRIATIVO A LUGARES CRIATIVOS OS RICOS TAMBÉM SÃO GENTE MUDE TODO DIA, TODA HORA LANCE OS DADOS FUJA DOS PROCESSOS PERAMBULE PELA WIKIPÉDIA NÃO CONTE COM A CONTABILIDADE INVENTE FERIADOS INESPERADOS MISTURE TUDO TIRE UM COCHILO *CONCLUSÃO*

13

Uma das melhores maneiras de encontrar pessoas criativas é fazer uma pergunta simples: "Quais são seus livros preferidos?".

Nunca conheci uma única pessoa criativa que não respondesse com entusiasmo sobre seus hábitos de leitura. Passei anos usando essa pergunta para eliminar candidatos potenciais — aquelas pessoas que entram na minha sala e se põem a discorrer grandiosamente sobre essa ou aquela ideia, mas que dão um olhar tão vazio quanto uma tela de computador desligado quando lhes peço para relacionar seus livros favoritos.

Cada tipo de colaborador tem interesses de leitura diferentes. Descobri que os engenheiros, por exemplo, tendem a ler ficção científica, meu próprio gênero favorito. As histórias desse gênero são como aquelas rodinhas laterais para aprender a andar de bicicleta, mas aplicadas ao pensamento criativo: incontáveis ideias da ficção científica se tornaram a norma na realidade e muitas outras se seguirão. Será que um dia empregaremos robôs pessoais? Haverá colônias no espaço? Será que vamos usar implantes oculares? A medicina nanotecnológica reparará nosso corpo? A resposta a todas essas perguntas é sim e, para os leitores de ficção científica, essas e outras previsões já foram incorporadas a seu sistema de crenças.

Na verdade, os livros que as pessoas leem não são tão importantes quanto o simples fato de elas serem leitoras. (Conheço muitos engenheiros talentosos que odiavam ficção científica, mas adoravam, digamos, livros sobre observação de pássaros.) Uma generalização grosseira, porém em geral precisa: as pessoas curiosas e empolgadas costumam ser leitoras. As pessoas apáticas e indiferentes, não.

Lembro-me de uma mulher em particular que, em uma entrevista, me disse que leu todos os livros que eu havia lido. Então comecei a mencionar livros que eu não tinha lido, e ela também tinha lido esses. Não sei como alguém com vinte e tantos anos encontrava tempo para ler tanto, mas fiquei tão impressionado que a contratei na hora e a aloquei ao marketing internacional, que não ia muito bem. Um trabalho complexo como esse se beneficiaria de um cérebro complexo. E simplesmente não seria possível ler tantos livros sem um cérebro complexo.

Uma dica para os entrevistadores: esteja preparado para pedir aos candidatos uma lista de dez livros favoritos.

Dica para os candidatos: esteja preparado para dizer quais são seus dez livros favoritos. É muito chato quando alguém afirma que adora ler e é incapaz de nomear um único título.

Veja abaixo a minha lista de livros favoritos. Ela muda a cada mês. Na verdade, muda de um dia para o outro. Esses só são os dez livros que me ocorreriam se me fizessem essa pergunta em uma entrevista neste exato momento. Se quiser uma lista diferente, pergunte-me amanhã.

Hyperion, de Dan Simmons.
The New World of Mr. Tompkins, de George Gamow.
Nevasca, de Neal Stephenson.
Neuromancer, de William Gibson.
Os pilares da Terra, de Ken Follett.
O senhor dos anéis, de J. R. R. Tolkien.

PERGUNTE SOBRE LIVROS

Sherlock Holmes (qualquer um), de Sir Arthur Conan Doyle.
O estrangeiro, de Albert Camus.
The Essential Kierkegaard, de Søren Kierkegaard.
A República, de Platão.

I N T R O D U Ç Ã O *TRANSFORME O ESCRITÓRIO EM UM ANÚNCIO DA EMPRESA ADOTE PONGS FLEXÍVEIS SEJA CRIATIVO EM SEUS ANÚNCIOS PROCURE PAIXÃO E INTENSIDADE IGNORE AS CREDENCIAIS INVESTIGUE OS HOBBIES PEÇA INDICAÇÕES A SEUS COLABORADORES EVITE CONTRATAR CLONES CONTRATE OS ANTIPÁTICOS CONTRATE OS LOUCOS ENCONTRE VÍTIMAS DE BULLYING PROCURE OS "OLHEIROS" PERGUNTE SOBRE LIVROS* **LEVE OS CANDIDATOS PARA VELEJAR** *CONTRATE DEBAIXO DO SEU NARIZ VASCULHE O TWITTER VISITE COMUNIDADES CRIATIVAS TOME CUIDADO COM OS IMPOSTORES FAÇA PERGUNTAS INUSITADAS APROFUNDE SUAS ENTREVISTAS CELEBRE INSTITUA ALGUM GRAU DE ANARQUIA RECEBA AS PEGADINHAS DE BRAÇOS ABERTOS CRIE UM REFÚGIO PARA SEUS TALENTOS CRIATIVOS CRIE UM AMBIENTE JUSTO REFUGIE-SE NO ISOLAMENTO DEFENDA AS MÁS IDEIAS CELEBRE OS FRACASSOS EXIJA O RISCO RECOMPENSE AS PISADAS DE BOLA PROMOVA O MENTORING TRATE OS COLABORADORES COMO ADULTOS MONTE UMA CADEIA CRIATIVA MONTE UM ESPAÇO CRIATIVO INSTITUA UM DIA DE DEMONSTRAÇÃO INCENTIVE O TDAH MOSTRE UM POUCO DO QUE ESTÁ POR VIR APRENDA A FALAR A LÍNGUA DA CRIATIVIDADE BRINCAR TAMBÉM TEM SEU VALOR NEUTRALIZE A TURMA DO CONTRA DOCUMENTE AS OBJEÇÕES POR ESCRITO LEVE SEU PESSOAL CRIATIVO A LUGARES CRIATIVOS OS RICOS TAMBÉM SÃO GENTE MUDE TODO DIA, TODA HORA LANCE OS DADOS FUJA DOS PROCESSOS PERAMBULE PELA WIKIPÉDIA NÃO CONTE COM A CONTABILIDADE INVENTE FERIADOS INESPERADOS MISTURE TUDO TIRE UM COCHILO C O N C L U S Ã O*

14

Nos idos da década de 1970, eu tinha um veleiro de 41 pés. Sempre que me frustrava e tinha um tempo livre, saía para velejar. Aquilo foi antes de surgirem os celulares. Em um veleiro, no mar, você ficava completamente isolado, o que simplesmente não tem preço (ver o pong 26).

Logo descobri outra utilidade para o veleiro: era uma ótima maneira de avaliar o caráter de um candidato promissor.

Em um veleiro, todo mundo tem funções distintas. Um guia o veleiro, enquanto outro fica de olho em possíveis obstáculos no caminho, outro maneja as velas e assim por diante. Observar os candidatos enquanto realizavam essas tarefas me dava uma boa ideia de como recebiam instruções e reagiam em um ambiente diferente.

Às vezes acontecem coisas que podem ser um pouco assustadoras. Algumas pessoas congelam quando estão com medo. E, se todo mundo ficar aterrorizado em uma situação assustadora num veleiro, todos podem morrer. Em uma ocasião, levei para velejar um candidato com muito potencial que, quando recebia uma ordem fácil, porém importante, simplesmente congelava. Não o contratei porque, queira ou não, todo mundo em um barco está participando de um projeto em equipe. Não dá para simplesmente cruzar os braços e esperar ser salvo pelos outros. Até um novato precisa tentar, mesmo se errar. Aquele candidato claramente não se encaixaria bem em nossa equipe criativa.

Se, como a maioria das pessoas, você não velejar, pense em quaisquer outros hobbies ou passatempos que pode querer compartilhar com um colaborador em potencial. Um amigo que adora jogar boliche convida candidatos para um jogo, mesmo se eles nunca jogaram antes. Ele não quer saber se jogam bem, mas sim como lidam com uma situação potencialmente desorientadora: com elegância, senso de humor e afabilidade ou com frustração, mau humor e pouco espírito esportivo. A boa notícia é que uma pista de boliche raramente leva a um cenário de vida ou morte.

I N T R O D U Ç Ã O
TRANSFORME O ESCRITÓRIO EM UM ANÚNCIO DA EMPRESA
ADOTE PONGS FLEXÍVEIS SEJA CRIATIVO EM SEUS ANÚNCIOS
PROCURE PAIXÃO E INTENSIDADE IGNORE AS CREDENCIAIS
INVESTIGUE OS HOBBIES PEÇA INDICAÇÕES A SEUS
COLABORADORES EVITE CONTRATAR CLONES CONTRATE
OS ANTIPÁTICOS CONTRATE OS LOUCOS ENCONTRE
VÍTIMAS DE BULLYING PROCURE OS "OLHEIROS" PERGUNTE
SOBRE LIVROS LEVE OS CANDIDATOS PARA VELEJAR
CONTRATE DEBAIXO DO SEU NARIZ VASCULHE O TWITTER
VISITE COMUNIDADES CRIATIVAS TOME CUIDADO COM OS
IMPOSTORES FAÇA PERGUNTAS INUSITADAS APROFUNDE
SUAS ENTREVISTAS CELEBRE INSTITUA ALGUM GRAU
DE ANARQUIA RECEBA AS PEGADINHAS DE BRAÇOS
ABERTOS CRIE UM REFÚGIO PARA SEUS TALENTOS CRIATIVOS
CRIE UM AMBIENTE JUSTO REFUGIE-SE NO ISOLAMENTO
DEFENDA AS MÁS IDEIAS CELEBRE OS FRACASSOS EXIJA
O RISCO RECOMPENSE AS PISADAS DE BOLA PROMOVA O
MENTORING TRATE OS COLABORADORES COMO ADULTOS
MONTE UMA CADEIA CRIATIVA MONTE UM ESPAÇO CRIATIVO
INSTITUA UM DIA DE DEMONSTRAÇÃO INCENTIVE O TDAH
MOSTRE UM POUCO DO QUE ESTÁ POR VIR APRENDA A
FALAR A LÍNGUA DA CRIATIVIDADE BRINCAR TAMBÉM
TEM SEU VALOR NEUTRALIZE A TURMA DO CONTRA
DOCUMENTE AS OBJEÇÕES POR ESCRITO LEVE SEU PESSOAL
CRIATIVO A LUGARES CRIATIVOS OS RICOS TAMBÉM
SÃO GENTE MUDE TODO DIA, TODA HORA LANCE OS
DADOS FUJA DOS PROCESSOS PERAMBULE PELA
WIKIPÉDIA NÃO CONTE COM A CONTABILIDADE INVENTE
FERIADOS INESPERADOS MISTURE TUDO TIRE UM COCHILO
C O N C L U S Ã O

15

Observar as pessoas trabalhando fora da sua empresa é uma das melhores maneiras de encontrar pessoas criativas. Quando digo isso, as pessoas costumam rir. "Não posso simplesmente entrar numa outra empresa e assistir", insistem.

Sim, você pode. Você só não está sendo criativo ao pensar onde essas pessoas podem ser encontradas. As pessoas criativas não trabalham necessariamente em empregos criativos. O problema do mercado de trabalho (e das práticas de contratação em geral) é que as pessoas criativas muitas vezes ficam sem emprego — ou pelo menos não conseguem encontrar um emprego na área que gostariam. Ser empolgado e interessante, por si só, não paga as contas, de modo que pessoas empolgadas e interessantes muitas vezes acabam em empregos sem graça, porque ninguém quer contratá-las.

Contratei muita gente que me chamou a atenção por demonstrar criatividade em seu trabalho. Uma das melhores contratações que já fiz foi uma garçonete de uma rede de restaurantes. Ela era divertida, transformou todas as minhas patéticas tentativas de fazer graça em uma verdadeira comédia e fez que todos se sentissem muito bem. Minha família e eu observamos admirados aquela mulher, como se ela tivesse um holofote de dez mil watts focado nela. Eu a contratei ali mesmo para desenvolver alguns programas de marketing inovadores. Ela se mostrou espetacular na função, espalhando, na nossa empresa, a mesma energia positiva que fazia dela uma garçonete incrível.

Em outra ocasião, estava em uma loja de equipamentos de camping em Palo Alto, Califórnia. O jovem vendedor que me ajudou sabia tanto sobre os equipamentos e era tão apaixonado por acampamento que foi um enorme prazer conversar com ele. É raro encontrar um vendedor ao mesmo tempo tecnicamente competente, encantador e divertido. Soube imediatamente que seria perfeito para a Chuck E. Cheese's. Ele foi alocado no atendimento ao cliente, já que seu talento para isso era óbvio, e subiu ao topo do departamento em apenas um ano.

Normalmente as pessoas só enxergam o que esperam ver. Se você esperar ver apenas uma garçonete, só verá uma garçonete. Se observar todo mundo como um colaborador em potencial para sua empresa, todo um novo mundo de possibilidades se revelará para você. Abra os olhos. As pessoas criativas estão por toda parte. Não deixe de procurar só porque você não está na empresa. Algumas das pessoas mais criativas que você encontrará estão escondidas à vista de todos.

Atenção, candidatos a emprego: não importa qual seja o seu trabalho atual, se pelo menos uma pessoa estiver assistindo, você está no palco. Você nunca sabe quando alguém vai lhe oferecer seu próximo emprego.

Na verdade, você pode nem precisar sair do escritório para encontrar pessoas criativas escondidas em empregos comuns. O simples fato de terem sido contratados não significa que estejam no melhor cargo possível. Pelo contrário, podem ter sido vítimas de um equívoco de alocação. Uma das melhores maneiras de encontrar pessoas criativas é praticar a gestão de corredor. Em outras palavras, quando você tem um problema, saia da sua sala e vá conversar com a recepcionista, com a mulher da contabilidade, com o cara de vendas.

Por quê? Para começar, você estará incluindo pessoas que normalmente são ignoradas, o que, por si só, já é bom. Além disso, não é raro obter uma nova perspectiva sobre um problema, de alguém que conhece bem o negócio dele. Opiniões e sugestões diversificadas são tão necessárias para o crescimento criativo da sua organização quanto a água é para a vida.

As expectativas impulsionam as ações. Se a criatividade não for esperada na sua organização, ninguém será criativo. Por outro lado, se criar uma organização na qual a criatividade é esperada, as pessoas se empenharão para atingir essa expectativa.

Contratando nas arquibancadas

Um de meus maiores prazeres da vida sempre foi comparecer aos eventos esportivos de meus filhos. Tenho muito orgulho deles e não me importo se ganham ou perdem. Reparei que muitas pessoas espertas também vão assistir aos eventos esportivos dos filhos... E ficam entediadas. Sim, poucas coisas são piores que seu filho decidir que quer participar de uma equipe de natação, porque as competições de natação são intermináveis e incrivelmente enfadonhas. E lá está você, sentado na arquibancada, enquanto um bando de crianças indistinguíveis a distância avançam ruidosamente em uma piscina, chapinhando água por todos os lados.

Para aliviar o tédio, você acaba passando o tempo conversando com outros pais. Costumo falar sobre tecnologia e já aconteceu de eu contratar pessoas lá mesmo.

Por exemplo, em um evento esportivo nos idos da década de 1970, estava batento papo com o sujeito sentado ao meu lado, um homem chamado Bob Brown. Perguntei o que ele fazia, e respondeu que projetava chips customizados. Um assunto levou ao outro, e logo estávamos conversando animadamente sobre a indústria dos games. Isso foi numa época em que muitas pessoas eram contra a guerra, e concordamos que criar chips para games era mais divertido que criar chips para aplicações militares. Antes do fim do evento, eu já tinha contratado Bob, um excelente engenheiro capaz projetar praticamente qualquer coisa.

Nunca pare de pensar em lugares para encontrar e contratar um bom pessoal.

INTRODUÇÃO TRANSFORME O ESCRITÓRIO EM UM ANÚNCIO DA EMPRESA ADOTE PONGS FLEXÍVEIS SEJA CRIATIVO EM SEUS ANÚNCIOS PROCURE PAIXÃO E INTENSIDADE IGNORE AS CREDENCIAIS INVESTIGUE OS HOBBIES PEÇA INDICAÇÕES A SEUS COLABORADORES EVITE CONTRATAR CLONES CONTRATE OS ANTIPÁTICOS CONTRATE OS LOUCOS ENCONTRE VÍTIMAS DE BULLYING PROCURE OS "OLHEIROS" PERGUNTE SOBRE LIVROS LEVE OS CANDIDATOS PARA VELEJAR CONTRATE DEBAIXO DO SEU NARIZ **VASCULHE O TWITTER** VISITE COMUNIDADES CRIATIVAS TOME CUIDADO COM OS IMPOSTORES FAÇA PERGUNTAS INUSITADAS APROFUNDE SUAS ENTREVISTAS CELEBRE INSTITUA ALGUM GRAU DE ANARQUIA RECEBA AS PEGADINHAS DE BRAÇOS ABERTOS CRIE UM REFÚGIO PARA SEUS TALENTOS CRIATIVOS CRIE UM AMBIENTE JUSTO REFUGIE-SE NO ISOLAMENTO DEFENDA AS MÁS IDEIAS CELEBRE OS FRACASSOS EXIJA O RISCO RECOMPENSE AS PISADAS DE BOLA PROMOVA O MENTORING TRATE OS COLABORADORES COMO ADULTOS MONTE UMA CADEIA CRIATIVA MONTE UM ESPAÇO CRIATIVO INSTITUA UM DIA DE DEMONSTRAÇÃO INCENTIVE O TDAH MOSTRE UM POUCO DO QUE ESTÁ POR VIR APRENDA A FALAR A LÍNGUA DA CRIATIVIDADE BRINCAR TAMBÉM TEM SEU VALOR NEUTRALIZE A TURMA DO CONTRA DOCUMENTE AS OBJEÇÕES POR ESCRITO LEVE SEU PESSOAL CRIATIVO A LUGARES CRIATIVOS OS RICOS TAMBÉM SÃO GENTE MUDE TODO DIA, TODA HORA LANCE OS DADOS FUJA DOS PROCESSOS PERAMBULE PELA WIKIPÉDIA NÃO CONTE COM A CONTABILIDADE INVENTE FERIADOS INESPERADOS MISTURE TUDO TIRE UM COCHILO CONCLUSÃO

16

A internet facilitou muito encontrar e saber mais sobre os candidatos. No entanto, nunca ouvi falar de departamentos de RH usando a internet para fazer qualquer outra coisa além de procurar no Google o nome dos candidatos, na esperança de encontrar no YouTube vídeos embaraçosos deles vomitando ou fotos no Facebook deles desmaiados.

Há maneiras mais eficientes de encontrar pessoas criativas. Por exemplo, uma das melhores é ler aleatoriamente posts no Twitter.

Quando o Twitter foi lançado, parecia que o serviço não seria mais que uma oportunidade para as pessoas anunciarem que tinham acabado de escovar os dentes ou comer um sanduíche. No entanto, o Twitter acabou se transformando em uma espécie de hiperíndice.

Pense no Twitter como um número infinito de manchetes. Se um tema específico tem a ver com a missão da sua empresa, o Twitter fornece uma plataforma não filtrada que você pode usar para encontrar as pessoas que estão postando tuítes criativos e inteligentes sobre tema.

Muitas dessas pessoas criativas anseiam por liberdade e usam o Twitter como válvula de escape ou forma de expressão. Podem estar presas em um emprego medíocre ou desempregadas, mas não passam o dia inteiro assistindo TV ou comendo porcarias. Pelo contrário, sua criatividade está transbordando pela web.

Digamos que eu esteja em busca de uma pessoa capaz fazer apresentações técnicas para preencher uma vaga no departamento de relações públicas. Eu vasculharia o Twitter em busca de algumas apresentações técnicas, veria quem as tuitou, clicaria em seu perfil e, dando uma olhada em seus outros tuítes, estimaria seu nível de inteligência e sua possível compatibilidade com a minha empresa.

Vasculho aleatoriamente o Twitter toda semana. Como estou lançando um novo empreendimento educacional, procuro por alguém que possa estar dizendo algo original e brilhante sobre o assunto. Se encontro alguém, eu o sigo, ele me segue e logo estamos conversando. Espero contratar muitas excelentes pessoas nos próximos anos. Algumas delas, encontrarei no Twitter.

Veja bem, como todos os pongs, este não é infalível. Uma vez encontrei um sujeito prolífico que postava tuítes elegantes. Entrei em contato com ele e em pouco tempo estava recebendo um e-mail dele por dia, repleto de novas ideias imaginativas. Achei que era (quase) o sujeito mais inteligente que eu conhecia e, sem verificação adicional, ofereci um emprego e o enviei à Califórnia para trabalhar com softwares. Acontece que, sim, ele realmente era um cara cheio de ideias. Mas era incapaz de executar qualquer uma delas. Ele não passava de uma avalanche de bons tuítes, mas pouco mais do que isso. Ele só durou seis meses na empresa.

I N T R O D U Ç Ã O
TRANSFORME O ESCRITÓRIO EM UM ANÚNCIO DA EMPRESA
ADOTE PONGS FLEXÍVEIS SEJA CRIATIVO EM SEUS ANÚNCIOS
PROCURE PAIXÃO E INTENSIDADE IGNORE AS CREDENCIAIS
INVESTIGUE OS HOBBIES PEÇA INDICAÇÕES A SEUS
COLABORADORES EVITE CONTRATAR CLONES CONTRATE
OS ANTIPÁTICOS CONTRATE OS LOUCOS ENCONTRE
VÍTIMAS DE BULLYING PROCURE OS "OLHEIROS" PERGUNTE
SOBRE LIVROS LEVE OS CANDIDATOS PARA VELEJAR
CONTRATE DEBAIXO DO SEU NARIZ VASCULHE O TWITTER
VISITE COMUNIDADES CRIATIVAS TOME CUIDADO COM OS
IMPOSTORES FAÇA PERGUNTAS INUSITADAS APROFUNDE
SUAS ENTREVISTAS CELEBRE INSTITUA ALGUM GRAU
DE ANARQUIA RECEBA AS PEGADINHAS DE BRAÇOS
ABERTOS CRIE UM REFÚGIO PARA SEUS TALENTOS CRIATIVOS
CRIE UM AMBIENTE JUSTO REFUGIE-SE NO ISOLAMENTO
DEFENDA AS MÁS IDEIAS CELEBRE OS FRACASSOS EXIJA
O RISCO RECOMPENSE AS PISADAS DE BOLA PROMOVA O
MENTORING TRATE OS COLABORADORES COMO ADULTOS
MONTE UMA CADEIA CRIATIVA MONTE UM ESPAÇO CRIATIVO
INSTITUA UM DIA DE DEMONSTRAÇÃO INCENTIVE O TDAH
MOSTRE UM POUCO DO QUE ESTÁ POR VIR APRENDA A
FALAR A LÍNGUA DA CRIATIVIDADE BRINCAR TAMBÉM
TEM SEU VALOR NEUTRALIZE A TURMA DO CONTRA
DOCUMENTE AS OBJEÇÕES POR ESCRITO LEVE SEU PESSOAL
CRIATIVO A LUGARES CRIATIVOS OS RICOS TAMBÉM
SÃO GENTE MUDE TODO DIA, TODA HORA LANCE OS
DADOS FUJA DOS PROCESSOS PERAMBULE PELA
WIKIPÉDIA NÃO CONTE COM A CONTABILIDADE INVENTE
FERIADOS INESPERADOS MISTURE TUDO TIRE UM COCHILO
C O N C L U S Ã O

17

As comunidades criativas sempre se congregam em torno da imaginação. O pessoal criativo adora companhia. Na Grécia antiga, o grande pensador Pitágoras fundou uma comunidade em Crotone, colônia grega no sul da Itália, onde seus seguidores realizavam ritos religiosos e falavam sobre filosofia. Muitos séculos depois, no Renascimento, Florença foi um centro criativo de escritores, artistas e músicos, dando ao mundo algumas de suas obras mais valiosas.

Os cafés de Viena nas décadas que antecederam a Primeira Guerra Mundial ficavam repletos de pessoas brilhantes, inspiradas pelas interações mútuas. Lá, o compositor Gustav Mahler fez psicanálise com Sigmund Freud, e Gustav Klimt pintou um retrato da irmã de Ludwig Wittgenstein para seu casamento. De forma similar, depois da guerra, artistas de todo o mundo — inclusive Samuel Beckett, Ernest Hemingway, James Joyce, Henry Miller, Ezra Pound e Gertrude Stein — se reuniam em Paris, onde redes informais de artistas, editores e donos de livrarias dependiam uns dos outros para sobreviver e se inspirar.

Ninguém precisa voltar no tempo para encontrar comunidades criativas. Elas sempre existiram, seja na forma de reuniões formais e planejadas ou como encontros improvisados. Vi grupos variando de algumas pessoas se encontrando para bater papo sobre ficção científica até um grande número de pessoas se congregando para criar projetos fantásticos. E, sempre que encontrar comunidades como essas, você também encontrará colaboradores potenciais.

Por ser um sujeito voltado à engenharia, o primeiro grupo do qual participei foi o de engenheiros com ideias afins. A Hackers Conference, encontro de algumas das mentes mais brilhantes da tecnologia, é o mais memorável desses grupos. Lá, vi coisas que jamais poderia ter imaginado, como o primeiro celular hackeado. Em outro encontro, um jovem carregou um grande capacitor e o descarregou através de um picles. O líquido do picles se atomizou e de repente uma fina camada de picles nos cercou em um raio de 6 metros. Também foi na Hackers Conference que vi pela primeira vez os efeitos de um forno de micro-ondas em um CD.

Na Atari, enviávamos colaboradores a muitas dessas conferências ou comunidades para divulgar nossa marca e os projetos em andamento. Nessas comunidades, os colaboradores eram expostos a ideias interessantes e faziam o networking com potenciais formadores de opinião que se impressionavam com o fato de a nossa empresa estar a par das últimas novidades.

Listo, a seguir, algumas outras comunidades criativas para visitar.

O Burning Man, no deserto de Nevada. Costumo comparecer a esse evento de uma semana, no qual as pessoas se reúnem para fazer o que lhes dá na telha. Lá, vi e ouvi de tudo, desde poesia em uma tenda de escoteiro até música eletrônica da era espacial. Quase todos os acampamentos têm um bar. Para dar uma ideia do ambiente, uma placa em um desses bares anunciava: "É proibido conversar sobre mecânica quântica sem um doutorado ou um conhecimento mínimo dos princípios da matemática". O Burning Man é um ímã de pessoas realmente criativas, um verdadeiro centro de empregos disfarçado de festival.

VISITE COMUNIDADES CRIATIVAS

O Mindshare é um dos meus favoritos: é um encontro e evento de networking mensal que reúne pessoas de diferentes áreas, inclusive artistas, cientistas e experts em tecnologia. O Mindshare, cujo mote é "libertinagem esclarecida", inclui apresentações breves e um excelente bar. Hoje em dia os eventos são realizados por todo o território americano e, em geral, apresentam quatro oradores falando sobre tudo, inclusive dança do ventre, tai chi, implantes elétricos, meio ambiente, tendências para o futuro e novas invenções.

O METal é um grupo de Los Angeles atraindo uma excelente coletânea de talentos que se reúnem aos sábados para tomar café da manhã e ouvir uma palestra. Os participantes são entusiasmados a ponto de sair da cama em uma manhã de sábado e passar várias horas na estrada para se encontrar e trocar ideias.

O Prairie Festival é realizado na cidadezinha de Salina, no meio do estado do Kansas, mas atrai mais de mil pessoas dispostas a passar um fim de semana ao ar livre aprendendo sobre agricultura, sustentabilidade e meio ambiente. Se eu precisasse contratar pessoas dessa área, não deixaria de ir a Salina em outubro com uma centena de cartões de visita.

A Maker Faire, do Maker Movement, começou com uma publicação da O'Reilly Media, a revista *Make*, que apresentava artigos sobre, por exemplo, como transformar uma caixa de charutos em um violão ou montar o próprio motor a jato. A O'Reilly descobriu que os leitores estavam construindo muitos desses projetos e tinham interesse em exibi-los, de modo que a empresa criou o Maker Faire no pavilhão de feiras comerciais do Condado de San Mateo. O evento atraía pessoas do país inteiro para mostrar seus hobbies, e o lugar ficava apinhado de inovadores! Um excelente ambiente para recrutar novos colaboradores. Essas pessoas descobriram sua paixão, saíram do sofá, criaram um projeto e ainda pegaram a estrada para ostentá-lo orgulhosamente para quem quisesse ver. São pessoas que, em vez passar doze horas por dia na frente da TV, podem criar um novo aparelho de TV capaz de fazer o inimaginável. Hoje, o Maker Faire é realizado várias vezes ao longo do ano, em diferentes locais ao redor do mundo.

O BIL é uma "não conferência" de três dias realizada em Long Beach, na Califórnia. Qualquer pessoa pode comparecer mediante uma doação de qualquer valor. Os participantes, chamados *Bilders*, se reúnem informalmente para ouvir palestras como "Como ser um herege de sucesso". O BIL começou em 2008, e seu slogan é "Liberte sua mente". Os tópicos variam de robótica à biologia do tipo faça você mesmo.

O PICNIC Festival é um evento europeu de dois dias voltado a explorar o cruzamento entre a criatividade e a inovação. Em 2012, o evento contou com a participação de três mil pessoas criativas de diversas áreas — negócios, governo, educação, entre outras. O tema do evento de 2012, conduzido em Amsterdã, foi "Assumindo a responsabilidade: a transição da responsabilização *top-down* à *bottom-up*". O evento incluiu palestras, debates interativos e colóquios, concursos de *startups* e até encontros românticos.

INTRODUÇÃO TRANSFORME O ESCRITÓRIO EM UM ANÚNCIO DA EMPRESA ADOTE PONGS FLEXÍVEIS SEJA CRIATIVO EM SEUS ANÚNCIOS PROCURE PAIXÃO E INTENSIDADE IGNORE AS CREDENCIAIS INVESTIGUE OS HOBBIES PEÇA INDICAÇÕES A SEUS COLABORADORES EVITE CONTRATAR CLONES CONTRATE OS ANTIPÁTICOS CONTRATE OS LOUCOS ENCONTRE VÍTIMAS DE BULLYING PROCURE OS "OLHEIROS" PERGUNTE SOBRE LIVROS LEVE OS CANDIDATOS PARA VELEJAR CONTRATE DEBAIXO DO SEU NARIZ VASCULHE O TWITTER VISITE COMUNIDADES CRIATIVAS **TOME CUIDADO COM OS IMPOSTORES** FAÇA PERGUNTAS INUSITADAS APROFUNDE SUAS ENTREVISTAS CELEBRE INSTITUA ALGUM GRAU DE ANARQUIA RECEBA AS PEGADINHAS DE BRAÇOS ABERTOS CRIE UM REFÚGIO PARA SEUS TALENTOS CRIATIVOS CRIE UM AMBIENTE JUSTO REFUGIE-SE NO ISOLAMENTO DEFENDA AS MÁS IDEIAS CELEBRE OS FRACASSOS EXIJA O RISCO RECOMPENSE AS PISADAS DE BOLA PROMOVA O MENTORING TRATE OS COLABORADORES COMO ADULTOS MONTE UMA CADEIA CRIATIVA MONTE UM ESPAÇO CRIATIVO INSTITUA UM DIA DE DEMONSTRAÇÃO INCENTIVE O TDAH MOSTRE UM POUCO DO QUE ESTÁ POR VIR APRENDA A FALAR A LÍNGUA DA CRIATIVIDADE BRINCAR TAMBÉM TEM SEU VALOR NEUTRALIZE A TURMA DO CONTRA DOCUMENTE AS OBJEÇÕES POR ESCRITO LEVE SEU PESSOAL CRIATIVO A LUGARES CRIATIVOS OS RICOS TAMBÉM SÃO GENTE MUDE TODO DIA, TODA HORA LANCE OS DADOS FUJA DOS PROCESSOS PERAMBULE PELA WIKIPÉDIA NÃO CONTE COM A CONTABILIDADE INVENTE FERIADOS INESPERADOS MISTURE TUDO TIRE UM COCHILO CONCLUSÃO

18

O público leitor deste livro é basicamente composto de pessoas que desejam aumentar a criatividade de sua empresa. Meu temor é que alguns leitores usem o livro para outros fins: como um guia para ser um impostor. Afinal de contas, revelo aqui um monte de dicas sobre como agir como uma pessoa criativa.

Uma das maiores lições que aprendi ao longo dos anos é que o mundo dos negócios (e, por extensão, o mundo em geral) está cheio de impostores. São pessoas muito espertas, capazes de descobrir o que você quer que elas digam e dizer exatamente do jeito que você quer ouvir.

Aprendi sobre a onipresença dos impostores nos primórdios da Atari. O negócio de chips customizados era muito difícil e demorado. E, como podia levar até um ano para criar um chip customizado funcional, um quadro de pessoal inteiro posando como designers de chips, sempre encontrava um jeito de sair da empresa ou ser demitido antes de o chip ser concluído. Steve Jobs me disse uma vez que muitos colaboradores da Apple nunca chegavam fazer um único chip funcionar. Contei que tinha o mesmo problema na Atari. Aquelas pessoas eram capazes de passar de um emprego a outro, fazendo um trabalho aparentemente criativo, mas que jamais levava a nada de concreto. Lembro-me de um sujeito que ganhou o apelido de "Quase Lá". Toda vez que perguntávamos se o chip estava pronto, ele respondia que estava "quase lá".

Tome muito cuidado com os impostores. "Como é possível reconhecê-los?", você me pergunta.

Para começar, não dependa exclusivamente de credenciais para a contratação (veja o pong 5). No mundo dos chips, por exemplo, alguém pode ter excelentes credenciais em design de chips sem possuir qualquer capacidade de efetivamente projetar um chip. Impostores como esses sabem como elaborar um currículo impressionante, e você não demorará muito para descobrir que esse é o maior talento deles.

Em segundo lugar, quando estiver entrevistando candidatos, tente o seguinte truque: faça uma segunda e uma terceira pergunta de acompanhamento sobre um tema depois de eles darem uma resposta eloquente à primeira pergunta. Os impostores costumam ser fluentes em jargões superficiais. Force-os a se aprofundar em um tema e verá que começam a perder a loquacidade.

Por exemplo, digamos que você esteja em busca de um especialista em marketing. Hoje, a ferramenta mais importante do pessoal de marketing é a inteligência analítica. Qualquer impostor querendo um emprego na área de marketing pode começar a discorrer sobre a importância da inteligência analítica. Interrompa-o neste ponto e pergunte: "Quais ferramentas de inteligência analítica você considera mais importantes?". Em seguida, pergunte: "Quanto você acha que sai o custo por ação [*cost per lead*] no Google? Ao montar um programa de marketing, o que você consideraria um bom resultado?". Em outras palavras, faça perguntas profundas que lhe permitam realmente avaliar o candidato. Faça muitas dessas perguntas. Se você não for um especialista, peça que alguém da área prepare uma dúzia de perguntas para você.

Além disso, muita gente conhece o *como* de um cargo mas não necessariamente entende o *por quê*. "Então quer dizer que você coletou todos os dados analíticos...", você diz. "Por que você fez isso? Por que eles são importantes? Por que exatamente você usou essas análises para melhorar o resultado?".

Descobri que saber jogar pôquer me ajuda quando faço perguntas difíceis como essas. Fui um bom jogador, interpretando as reações — expressões faciais e linguagem corporal sutis —, que muitas vezes revelam a mão de um jogador. Por exemplo, de acordo com uma pesquisa recente da Northeastern University, do Massachusetts Institute of Technology e da Cornell University, um grupo específico de pistas não verbais é especialmente associado à mentira: tocar a mão, tocar o rosto, cruzar os braços e inclinar-se para trás. Os estudos constataram que nenhuma dessas pistas por si só previam uma mentira, mas, juntas, constituíam um fator preditivo do fingimento.

A habilidade básica do impostor é o blefe. Por alguma razão os impostores não sentem que precisam ir além do blefe, e é por isso que são facilmente desmascarados. Uma vez, na Atari, contratei duas pessoas da Hewlett-Packard. Na época, a HP era considerada a melhor empresa do setor. Se você conseguisse atrair um de seus executivos, podia se considerar uma pessoa de muita sorte. E aqueles sujeitos eram tudo de bom: polidos, refinados, confiantes. Acontece que não sabiam fazer nada além de brilhar em uma entrevista e, uma vez que conseguiam um emprego, se punham ativamente a receber os créditos pelo trabalho dos subordinados.

Todos nós já fomos enganados por impostores em algum momento. O segredo é aprender com a experiência, em vez de repeti-la indefinidamente.

I N T R O D U Ç Ã O
TRANSFORME O ESCRITÓRIO EM UM ANÚNCIO DA EMPRESA
ADOTE PONGS FLEXÍVEIS SEJA CRIATIVO EM SEUS ANÚNCIOS
PROCURE PAIXÃO E INTENSIDADE IGNORE AS CREDENCIAIS
INVESTIGUE OS HOBBIES PEÇA INDICAÇÕES A SEUS
COLABORADORES EVITE CONTRATAR CLONES CONTRATE
OS ANTIPÁTICOS CONTRATE OS LOUCOS ENCONTRE
VÍTIMAS DE BULLYING PROCURE OS "OLHEIROS" PERGUNTE
SOBRE LIVROS LEVE OS CANDIDATOS PARA VELEJAR
CONTRATE DEBAIXO DO SEU NARIZ VASCULHE O TWITTER
VISITE COMUNIDADES CRIATIVAS TOME CUIDADO COM OS
IMPOSTORES **FAÇA PERGUNTAS INUSITADAS** APROFUNDE
SUAS ENTREVISTAS CELEBRE INSTITUA ALGUM GRAU
DE ANARQUIA RECEBA AS PEGADINHAS DE BRAÇOS
ABERTOS CRIE UM REFÚGIO PARA SEUS TALENTOS CRIATIVOS
CRIE UM AMBIENTE JUSTO REFUGIE-SE NO ISOLAMENTO
DEFENDA AS MÁS IDEIAS CELEBRE OS FRACASSOS EXIJA
O RISCO RECOMPENSE AS PISADAS DE BOLA PROMOVA O
MENTORING TRATE OS COLABORADORES COMO ADULTOS
MONTE UMA CADEIA CRIATIVA MONTE UM ESPAÇO CRIATIVO
INSTITUA UM DIA DE DEMONSTRAÇÃO INCENTIVE O TDAH
MOSTRE UM POUCO DO QUE ESTÁ POR VIR APRENDA A
FALAR A LÍNGUA DA CRIATIVIDADE BRINCAR TAMBÉM
TEM SEU VALOR NEUTRALIZE A TURMA DO CONTRA
DOCUMENTE AS OBJEÇÕES POR ESCRITO LEVE SEU PESSOAL
CRIATIVO A LUGARES CRIATIVOS OS RICOS TAMBÉM
SÃO GENTE MUDE TODO DIA, TODA HORA LANCE OS
DADOS FUJA DOS PROCESSOS PERAMBULE PELA
WIKIPÉDIA NÃO CONTE COM A CONTABILIDADE INVENTE
FERIADOS INESPERADOS MISTURE TUDO TIRE UM COCHILO
C O N C L U S Ã O

19

A maioria das pessoas conduz entrevistas fazendo as mesmas perguntas chatas vez após vez: "Em que faculdade você estudou?", "Qual é a sua experiência na área?", "Você tem boas referências?", "Por que você gostaria de trabalhar aqui?". Essas perguntas não ajudam a encontrar pessoas criativas. Elas mal conseguem manter as pessoas acordadas.

Se quiser contratar pessoas interessantes, faça perguntas interessantes. Faça perguntas inusitadas, esquisitas, aleatórias, perguntas que o ajudam a ver como funciona a cabeça do candidato e não perguntas que não fazem mais que revelar a capacidade do entrevistado de recitar o currículo. As perguntas não precisam ter respostas corretas. O objetivo da entrevista não é obter respostas concretas para problemas concretos. Seu objetivo é ver como funciona a mente do colaborador em potencial.

Costumo perguntar aos candidatos, em um almoço, quantos chicletes eles acham que estão grudados debaixo da mesa. É óbvio que não sei a resposta. Nem o candidato. Na verdade, a resposta em si não faz diferença para mim. Só quero ver como eles lidam com a questão proposta.

Por exemplo, se um candidato disser "Como é que eu poderia saber disso?" e mudar de assunto, ele não será contratado.

Mas, se a resposta for algo como: "Não sei, mas estou vendo que várias pessoas entram na lanchonete mascando chiclete, como ninguém masca chiclete enquanto come, então imagino que pelo menos algumas dessas pessoas devem ter grudado o chiclete em algum lugar. Para alguma dessas pessoas, o melhor lugar para deixar o chiclete é debaixo da mesa. Também estou vendo que a lanchonete não é lá muito limpa, então imagino que os garçons nunca checam debaixo da mesa. Então imagino que deve ter uns três chicletes debaixo da mesa...".

Não importa se o candidato está certo (porque pode haver muitas outras variáveis que desconhecemos). O que importa é que você consegue ter um vislumbre das engrenagens funcionando na cabeça dele: como ele pensa, calcula, imagina e chega a uma estimativa. (A propósito, esse tipo de pergunta envolvendo aproximações e a capacidade de justificar as estimativas é conhecido como Problemas de Fermi, em homenagem ao físico ítalo-americano Enrico Fermi, famoso por sua capacidade de fazer esse tipo de aproximação sem ter muitas informações disponíveis.)

Tomando um rumo diferente, uma das minhas perguntas favoritas para engenheiros é: "Você já consertou algum encanamento?". Você pode receber alguns olhares estranhos quando faz essa pergunta. Mas os bons candidatos responderão que sim e se põem a falar a respeito. Isso é um bom sinal. Ninguém (exceto, talvez, os encanadores profissionais) faz um curso sobre encanamento e tubulações, o que sugere que são os solucionadores intuitivos de problemas que arriscam esse tipo de conserto. É esse tipo de pessoa que quero trabalhando para mim.

Algumas outras perguntas inusitadas que já fiz em entrevistas incluem:

- O que é coral? (Pode ser um grupo de cantores, uma espécie de cobra, um pólipo marinho que vive em colônias, um tipo de trepadeira ou uma cor.)

- O que é mais divertido, um jogo fácil ou um jogo difícil? (Estranhamente, muita gente não sabe como responder essa pergunta.)
- Qual é a coisa mais irritante da sua vida? (Minha resposta favorita: "Essa pergunta".)
- Por que provas de corrida em pista são realizadas no sentido anti-horário? (Ninguém sabe ao certo, mas ouvi muitos palpites excelentes.)
- Se um jogador de beisebol acerta um *home run* com a bola saindo do campo, mas cai morto antes de percorrer todas as bases, o *home run* conta ou não? (Sim, se um substituto de base assumir o lugar do falecido.)
- Qual é o contrário de uma mesa? (Nada, até onde eu sei. Certamente não é uma cadeira.)

Também gosto de propor as seguintes charadas:

1. Três mulheres estão em pé, uma ao lado da outra, em trajes de banho. Duas delas estão tristes. A outra está feliz. A mulher feliz está chorando. As mulheres tristes estão sorrindo. Por quê?
2. Qual é a ordem destes números: 5, 2, 9, 8, 4, 6, 7, 3, 1?
3. Peter tinha 15 anos de idade em 1990 e 10 anos de idade em 1995. Como pode ser?
4. Em uma competição recente, os competidores tiveram de segurar algo. O vencedor foi um tetraplégico. O que ele segurou?
5. Uma menina caminha pela rua com três amigos. Um deles é um animal, o segundo é um vegetal, e o terceiro é um mineral. Qual é o nome da menina?

As respostas estão na página 254, mas não se esqueça de que o importante não são as respostas. O que importa é ver como os candidatos chegam a elas.

I N T R O D U Ç Ã O
TRANSFORME O ESCRITÓRIO EM UM ANÚNCIO DA EMPRESA
ADOTE PONGS FLEXÍVEIS SEJA CRIATIVO EM SEUS ANÚNCIOS
PROCURE PAIXÃO E INTENSIDADE IGNORE AS CREDENCIAIS
INVESTIGUE OS HOBBIES PEÇA INDICAÇÕES A SEUS
COLABORADORES EVITE CONTRATAR CLONES CONTRATE
OS ANTIPÁTICOS CONTRATE OS LOUCOS ENCONTRE
VÍTIMAS DE BULLYING PROCURE OS "OLHEIROS" PERGUNTE
SOBRE LIVROS LEVE OS CANDIDATOS PARA VELEJAR
CONTRATE DEBAIXO DO SEU NARIZ VASCULHE O TWITTER
VISITE COMUNIDADES CRIATIVAS TOME CUIDADO COM OS
IMPOSTORES FAÇA PERGUNTAS INUSITADAS **APROFUNDE
SUAS ENTREVISTAS** CELEBRE INSTITUA ALGUM GRAU
DE ANARQUIA RECEBA AS PEGADINHAS DE BRAÇOS
ABERTOS CRIE UM REFÚGIO PARA SEUS TALENTOS CRIATIVOS
CRIE UM AMBIENTE JUSTO REFUGIE-SE NO ISOLAMENTO
DEFENDA AS MÁS IDEIAS CELEBRE OS FRACASSOS EXIJA
O RISCO RECOMPENSE AS PISADAS DE BOLA PROMOVA O
MENTORING TRATE OS COLABORADORES COMO ADULTOS
MONTE UMA CADEIA CRIATIVA MONTE UM ESPAÇO CRIATIVO
INSTITUA UM DIA DE DEMONSTRAÇÃO INCENTIVE O TDAH
MOSTRE UM POUCO DO QUE ESTÁ POR VIR APRENDA A
FALAR A LÍNGUA DA CRIATIVIDADE BRINCAR TAMBÉM
TEM SEU VALOR NEUTRALIZE A TURMA DO CONTRA
DOCUMENTE AS OBJEÇÕES POR ESCRITO LEVE SEU PESSOAL
CRIATIVO A LUGARES CRIATIVOS OS RICOS TAMBÉM
SÃO GENTE MUDE TODO DIA, TODA HORA LANCE OS
DADOS FUJA DOS PROCESSOS PERAMBULE PELA
WIKIPÉDIA NÃO CONTE COM A CONTABILIDADE INVENTE
FERIADOS INESPERADOS MISTURE TUDO TIRE UM COCHILO
C O N C L U S Ã O

20

Ao conduzir entrevistas, evite as velhas perguntas de sempre e também não faça perguntas superficiais. Ao perceber que os candidatos se atrapalham ou tentam mudar de assunto, não deixe passar. Aprofunde-se. Faça uma nova pergunta com base na resposta anterior para obter maior nível de detalhamento. Se o entrevistado estiver falando sobre um projeto no qual está trabalhando em outra empresa, peça detalhes concentrando-se no que ele efetivamente faz. As pessoas costumam usar o velho "nós" ao falar sobre sua experiência e, mesmo em um projeto de sucesso, a participação do candidato pode ter sido mínima ou até inexistente. Ele até pode ter trabalhado na empresa quando o Incrível Aparelho Modelo 450 estava sendo criado, mas é possível que só fosse encarregado de limpar os banheiros.

Esclareça as alegações, fazendo perguntas detalhadas como "Quando você trabalhou no Aparelho 450, quais eram suas responsabilidades, exatamente?". Se ele responder que participou da equipe que criou o memorável slogan de marketing para o produto, aprofunde-se o máximo que puder. Qual foi a contribuição específica do candidato, seu raciocínio, suas ideias alternativas? Por que ele gostou do slogan que sugeriu, quais foram os outros slogans propostos, quais partes desses slogans ele gostou e não gostou? Não pare por aí. Continue investigando.

Se for revelado que ele não participou do processo tanto quanto quis dar a entender, você o verá inventando coisas na hora. Se ele não participou tanto do processo e não conseguir inventar coisas na hora, também será interessante saber disso. Ou, se de fato teve uma participação ativa, ele lhe dará informações concretas e profundas sobre o processo.

O objetivo é ignorar o currículo e usar a entrevista para fazer o maior número de perguntas investigativas possível.

No recrutamento, não tente encontrar um colaborador redondo para se encaixar num buraco redondo. O melhor é encontrar uma pessoa talentosa e criar um cargo que se adeque a ela.

A meta é ter um conjunto de pessoas incríveis porque, com um conjunto de pessoas incríveis, grandes realizações serão possíveis.

RETENDO E CULTIVANDO O PRÓXIMO STEVE JOBS

PARTE DOIS

Tudo bem. Agora você já fez o trabalho. Você pensou em onde encontrar os talentos criativos, em como entrevistá-los e conseguiu atraí-los à sua empresa.

E agora?

Como veremos, não basta apenas contratar os próximos Steves Jobs. Não adianta incluir essas pessoas na sua equipe e não fazer mais nada. Você precisa manter seus talentos felizes, satisfeitos e sentindo-se uma parte valiosa da equipe. Com muita frequência os empregadores se empenham para encontrar pessoas criativas, mas, uma vez que as contrata, não lhes dão condições para se desenvolver e prosperar. Para algumas empresas, essa negligência não passa do resultado de um problema de gestão: a empresa simplesmente não sabe como se beneficiar de sua equipe criativa. Para outras, faz parte da estratégia contratar os melhores talentos para mantê-los longe dos concorrentes e deixá-los às traças, jogados numa salinha escura onde ninguém conseguirá encontrá-los. Com o tempo, entretanto, essa estratégia não se revela uma abordagem sustentável. Mais cedo ou mais tarde, esses infelizes talentos criativos vão escapar de sua prisão em meio à floresta de cubículos e encontrar uma empresa disposta a valorizá-los... e a lucrar com suas inovações.

Como já mencionei, um dos engenheiros mais criativos que conheci foi Al Alcorn, colaborador fundamental para o sucesso da Atari. Depois que vendi a Atari para a Warner em 1976, Al se tornou um empregado da Warner. Naquela empresa, teve uma ideia brilhante após a outra, especialmente na área de games portáteis, ideias geniais que poderiam ter sido extremamente rentáveis.

No entanto, nenhuma de suas ideias jamais chegou a ver a luz do dia na Warner. Nenhum de seus superiores era criativo o suficiente para perceber o potencial de Al ou, em outras palavras, ninguém na empresa foi capaz de reconhecer sua criatividade e lucrar com ela. A

Warner estava tão ocupada tentando ganhar mais dinheiro com os cartuchos do Atari 2600 que não percebeu que ele estava perdendo a dianteira. Simplesmente não estavam abertos à profusão de novas ideias apresentadas por Al.

Al acabou ficando tão frustrado que pediu demissão para entrar na Apple. No entanto, naquela época, a Apple estava sendo liderada por John Scully e ia de mal a pior. Então Al saiu e foi para a Silicon Gaming, que foi capaz de reconhecer seu potencial e o tratou como merecia.

Os 31 pongs a seguir ajudam a cultivar os talentos criativos da sua organização e promover ao máximo a criatividade deles — para o benefício deles e para o seu.

I N T R O D U Ç Ã O
TRANSFORME O ESCRITÓRIO EM UM ANÚNCIO DA EMPRESA
ADOTE PONGS FLEXÍVEIS SEJA CRIATIVO EM SEUS ANÚNCIOS
PROCURE PAIXÃO E INTENSIDADE IGNORE AS CREDENCIAIS
INVESTIGUE OS HOBBIES PEÇA INDICAÇÕES A SEUS
COLABORADORES EVITE CONTRATAR CLONES CONTRATE
OS ANTIPÁTICOS CONTRATE OS LOUCOS ENCONTRE
VÍTIMAS DE BULLYING PROCURE OS "OLHEIROS" PERGUNTE
SOBRE LIVROS LEVE OS CANDIDATOS PARA VELEJAR
CONTRATE DEBAIXO DO SEU NARIZ VASCULHE O TWITTER
VISITE COMUNIDADES CRIATIVAS TOME CUIDADO COM OS
IMPOSTORES FAÇA PERGUNTAS INUSITADAS APROFUNDE
SUAS ENTREVISTAS **CELEBRE** INSTITUA ALGUM GRAU
DE ANARQUIA RECEBA AS PEGADINHAS DE BRAÇOS
ABERTOS CRIE UM REFÚGIO PARA SEUS TALENTOS CRIATIVOS
CRIE UM AMBIENTE JUSTO REFUGIE-SE NO ISOLAMENTO
DEFENDA AS MÁS IDEIAS CELEBRE OS FRACASSOS EXIJA
O RISCO RECOMPENSE AS PISADAS DE BOLA PROMOVA O
MENTORING TRATE OS COLABORADORES COMO ADULTOS
MONTE UMA CADEIA CRIATIVA MONTE UM ESPAÇO CRIATIVO
INSTITUA UM DIA DE DEMONSTRAÇÃO INCENTIVE O TDAH
MOSTRE UM POUCO DO QUE ESTÁ POR VIR APRENDA A
FALAR A LÍNGUA DA CRIATIVIDADE BRINCAR TAMBÉM
TEM SEU VALOR NEUTRALIZE A TURMA DO CONTRA
DOCUMENTE AS OBJEÇÕES POR ESCRITO LEVE SEU PESSOAL
CRIATIVO A LUGARES CRIATIVOS OS RICOS TAMBÉM
SÃO GENTE MUDE TODO DIA, TODA HORA LANCE OS
DADOS FUJA DOS PROCESSOS PERAMBULE PELA
WIKIPÉDIA NÃO CONTE COM A CONTABILIDADE INVENTE
FERIADOS INESPERADOS MISTURE TUDO TIRE UM COCHILO
C O N C L U S Ã O

21

Uma das melhores maneiras de manter o pessoal criativo feliz é promover deliberadamente a felicidade. Uma ideia boa e barata para fazer isso é dando uma festinha. Sim, uma festinha, nada de mais. Se sua empresa puder institucionalizar um evento regular de autêntica diversão em equipe, será possível criar um ambiente no qual as pessoas interessantes queiram trabalhar... e se divertir.

Na Atari, sempre fazíamos questão de permitir que nossos colaboradores tivessem a chance de liberar a tensão. Oficialmente, a ideia era festejar só quando batíamos nossa cota de vendas, mas, como sempre batíamos a cota, decidimos fazer uma cervejada com pizza, uma sexta-feira sim, outra não, na plataforma de carga nos fundos da empresa. O preço: menos de 500 dólares. O resultado: a reputação de ser um ótimo lugar para trabalhar.

A empresa ainda colhia outro benefício dessas festividades (além de ser uma propaganda excelente e barata para a empresa; veja o pong 1). As festas também abriam canais informais de comunicação. Festejar derruba qualquer noção de que a empresa se leva muito a sério, mas o lance é que, nas festas, as pessoas conversam entre si com mais liberdade e abertura do que em seus cubículos — especialmente depois de algumas cervejas. Ideias radicais que jamais seriam mencionadas no escritório, porque as pessoas teriam vergonha de apresentá-las numa sala de reuniões, fervilhavam em nossas festas. Depois de algumas cervejas, as inibições costumam cair por terra.

Esses eventos foram um sucesso tão grande que levamos o conceito um passo adiante e, às vezes, fazíamos festas à fantasia — não só por serem divertidas, mas porque usar uma fantasia permite que as pessoas se transformem em quem *gostariam* de ser, em vez de se limitar a ser quem elas acham que *deveriam* ser. A possibilidade de se esconder por trás de fantasias de animais e máscaras de super-heróis deixa as pessoas menos acanhadas e mais abertas a falar sobre os problemas e oferecer soluções criativas. Em outras palavras, as festas permitem que as pessoas sejam elas mesmas, em vez de uma persona corporativa meticulosamente construída.

Também descobrimos que as pessoas podem ter ideias maravilhosas quando sugerimos que parem de pensar tanto e relaxem um pouco. A lógica por trás dessa prática é que, ao passar muito tempo trabalhando em um problema específico, a originalidade em geral para de fluir. Hoje, acredita-se que o cérebro consciente só consegue lidar com sete ou oito coisas ao mesmo tempo, mas, em segundo plano, um grande número de outros pensamentos e conceitos fica passando pela nossa cabeça. (O autor e neurocientista David Eagleman chama essa tagarelice ao fundo de "programas zumbis".) Quando você relaxa, alguns desses pensamentos, que de outra forma não seriam acessíveis, sobem à tona e podem ser a solução para aquele problema que você não teve como forçar seu cérebro a resolver (veja o pong 36).

A ideia é que não tínhamos como saber quando a criatividade poderia surgir, e ela surgia o tempo todo nas nossas festas. Em uma festa particularmente memorável, realizada em nossa sala de jogos, algumas pessoas jogavam um dos nossos games de corrida. Todo mundo comentou como seria muito mais divertido se desse para jogar uns contra os outros ao mesmo tempo, então um dos engenheiros criou rapidamente um método para ligar oito máquinas juntas. De repente, o game de corrida se transformou de uma experiência solitária em uma atividade social.

Parecia óbvio, mas ninguém tinha pensado em fazer aquilo antes. Colocamos o game imediatamente em produção e o batizamos de *Indy 8*. O *Indy 8* pode muito bem ter rendido mais que qualquer um dos nossos outros games. Para você ter uma ideia, um arcade do *Indy 8* na Disney World ficou famoso por render um milhão de dólares por ano, cobrando 25 centavos de dólar por vez (ou melhor, oito moedas de 25 centavos para oito jogadores).

Ninguém tinha pensado em um game de oito jogadores antes e, se aquele engenheiro não estivesse se divertindo na nossa festa, o *Indy 8* poderia nunca ter chegado a existir.

Muitas outras empresas praticam o pong da celebração, usando seus eventos para manter os colaboradores satisfeitos e aumentar a produtividade. Por exemplo, a TicketKick, empresa que ajuda os californianos a lidar com suas multas de trânsito, usa uma variedade de práticas para agradar seu pessoal, como oferecer cursos de desenvolvimento pessoal, subsídios para a decoração do escritório e excursões quando as metas da empresa são atingidas. Os novos colaboradores ganham jantares em churrascarias e ingressos para a Disneylândia. A Vans, fabricante de calçados e roupas, sorteia viagens para o Havaí e envia suas equipes de design em excursões para o resort de Palm Springs, na Califórnia. A empresa também organiza piqueniques familiares com pula-pulas e tirolesas para seus colaboradores. A joia da coroa na sede da empresa, em Cypress, no estado da Califórnia, é uma pista de skate usada para testes de produtos e para liberar a tensão. De forma similar, a Benefit Cosmetics, de São Francisco, oferece uma grande variedade de eventos comemorativos, incluindo festas temáticas mensais, festas do sorvete e excursões para jogos de beisebol.

Outra vantagem das celebrações é que, nesses eventos, a língua das pessoas costuma se soltar. Por exemplo, mesmo apesar de todo o empenho da Atari, às vezes acabávamos contratando alguns gestores tóxicos e nossas celebrações costumavam ser o único lugar onde alguém tinha coragem de reclamar deles. Em várias ocasiões, foi assim que descobri que um gerente estava roubando a empresa; nenhum dos colaboradores dele teve coragem de denunciar o gestor ladrão antes de ter uma cerveja na mão e várias outras no estômago.

A melhor história de denúncia em uma cervejada foi a seguinte: a esposa de um colaborador apareceu em uma festa e nos contou que seu marido, que trabalhava no departamento de compras, estava nos roubando debaixo do nosso nariz. Ele comprava ferramentas por meio de seu irmão, que cobrava o dobro do valor justo e os dois dividiam o lucro. A mulher decidiu delatá-lo quando pegou o marido transando com uma colaboradora em uma das nossas festas.

INTRODUÇÃO TRANSFORME O ESCRITÓRIO EM UM ANÚNCIO DA EMPRESA ADOTE PONGS FLEXÍVEIS SEJA CRIATIVO EM SEUS ANÚNCIOS PROCURE PAIXÃO E INTENSIDADE IGNORE AS CREDENCIAIS INVESTIGUE OS HOBBIES PEÇA INDICAÇÕES A SEUS COLABORADORES EVITE CONTRATAR CLONES CONTRATE OS ANTIPÁTICOS CONTRATE OS LOUCOS ENCONTRE VÍTIMAS DE BULLYING PROCURE OS "OLHEIROS" PERGUNTE SOBRE LIVROS LEVE OS CANDIDATOS PARA VELEJAR CONTRATE DEBAIXO DO SEU NARIZ VASCULHE O TWITTER VISITE COMUNIDADES CRIATIVAS TOME CUIDADO COM OS IMPOSTORES FAÇA PERGUNTAS INUSITADAS APROFUNDE SUAS ENTREVISTAS CELEBRE **INSTITUA ALGUM GRAU DE ANARQUIA** RECEBA AS PEGADINHAS DE BRAÇOS ABERTOS CRIE UM REFÚGIO PARA SEUS TALENTOS CRIATIVOS CRIE UM AMBIENTE JUSTO REFUGIE-SE NO ISOLAMENTO DEFENDA AS MÁS IDEIAS CELEBRE OS FRACASSOS EXIJA O RISCO RECOMPENSE AS PISADAS DE BOLA PROMOVA O MENTORING TRATE OS COLABORADORES COMO ADULTOS MONTE UMA CADEIA CRIATIVA MONTE UM ESPAÇO CRIATIVO INSTITUA UM DIA DE DEMONSTRAÇÃO INCENTIVE O TDAH MOSTRE UM POUCO DO QUE ESTÁ POR VIR APRENDA A FALAR A LÍNGUA DA CRIATIVIDADE BRINCAR TAMBÉM TEM SEU VALOR NEUTRALIZE A TURMA DO CONTRA DOCUMENTE AS OBJEÇÕES POR ESCRITO LEVE SEU PESSOAL CRIATIVO A LUGARES CRIATIVOS OS RICOS TAMBÉM SÃO GENTE MUDE TODO DIA, TODA HORA LANCE OS DADOS FUJA DOS PROCESSOS PERAMBULE PELA WIKIPÉDIA NÃO CONTE COM A CONTABILIDADE INVENTE FERIADOS INESPERADOS MISTURE TUDO TIRE UM COCHILO CONCLUSÃO

22

As farras (veja o pong 21) também têm outra função criativa. Poucos obstáculos à criatividade são piores que uma organização estritamente vertical. Quanto mais horizontal for a cadeia de comando da empresa, menos numerosas são as camadas entre o inventor e o CEO, e mais o ambiente é propício à criatividade.

A vantagem das festas é que são niveladores hierárquicos instantâneos, proporcionando um ambiente no qual todos podem falar com todos. Os assistentes podem conversar com os executivos, os gerentes podem fofocar com a alta administração, as secretárias pode bater papo com o presidente do conselho.

Em todas as empresas que fundei, fiz todo o possível para evitar uma organização excessivamente hierárquica. Hierarquia implica ter gerentes, subgerentes e subsubgerentes. Ao dar às pessoas o título de gerente, você basicamente está delegando a eles a autoridade de dizer não. O ideal é ter o menor número possível de pessoas dizendo não na sua empresa (veja os pongs 40 e 41).

O melhor modelo é a empresa horizontal, na qual todos comparecem ao trabalho, ninguém diz a eles o que fazer e todas as tarefas são feitas. Esse modelo é chamado de anarquia dirigida, e é a melhor maneira de garantir um ambiente propício à criatividade e à inovação.

A maioria das *startups* possui, automaticamente, um ambiente como esse. Com poucos colaboradores, você também tem poucas regras e pouca gente "do contra". Muitas boas empresas tentam manter esse nivelamento à medida que crescem. Um bom exemplo disso é o Google. Lá, os colaboradores têm seu dia de trabalho regular, mas também podem dedicar 20% do tempo fazendo o que quiserem. Essa política possibilita pelo menos um grau de anarquia dirigida. Até Steve Jobs dava mais liberdade ao seu pessoal do que muita gente acredita, em termos de explorar de maneira independente várias facetas do trabalho.

Outro exemplo é o Ning.com, da Califórnia, que cria redes sociais personalizadas para seus clientes. No Ning, os novos colaboradores e a equipe executiva trabalham juntos, sem ligar para títulos ou cargos; além disso, a empresa tem uma política de férias ilimitadas — ou seja, os colaboradores podem tirar quantas semanas quiserem de folga, contanto que façam o trabalho.

Jason Fried, cofundador da 37signals.com, de Chicago, que desenvolve aplicativos online para pequenas empresas, concebeu uma empresa com organização plana, que incentiva seus colaboradores a explorar as conexões horizontais com os colegas de trabalho e aprender com os relacionamentos. As equipes têm liberdade de fazer alterações em seus projetos, e os membros da equipe se revezam na liderança dos projetos. A empresa também tenta evitar a hierarquia tradicional, contratando "artesãos" em vez de gerentes.

De forma similar, os líderes da Kahler Slater, empresa de arquitetura e design de Wisconsin, trabalham lado a lado com seus colaboradores em um escritório de layout aberto, cujo design eles próprios ajudaram a criar. Os dois copresidentes também conduzem conversas abertas com os colaboradores duas vezes por semana, e a empresa foi eleita pela revista *Entrepreneurm* em 2011, uma das Melhores Pequenas Empresas para Trabalhar.

Uma das melhores razões para manter a hierarquia horizontal na sua empresa é que saltos criativos nem sempre se originam no topo. As boas ideias podem vir de assistentes, zeladores, estagiários: pessoas invisíveis em uma empresa estritamente vertical. Quando sua empresa decide que qualquer pessoa pode e deve contribuir, você acaba ouvindo algumas excelentes sugestões vindas de lugares improváveis.

O casal Froggy e Ilya Garcia, ambos com mais de 70 anos, trabalhavam na linha de montagem da fábrica da Atari (composta, em sua maioria, de jovens na faixa dos 20). Sempre que possível, eu andava pela área de produção e batia papo com os trabalhadores, tentando saber o que acontecia por lá. Um dia, Froggy e Ilya me disseram que, se padronizássemos certos componentes, poderíamos reduzir muito o tempo de montagem do nosso produto. Quando explicaram a ideia, todo mundo achou que a solução era bastante óbvia. Mas ninguém tinha notado. Implementando as alterações propostas pelos Garcias, poupamos uns 40 dólares por máquina.

I N T R O D U Ç Ã O *TRANSFORME O ESCRITÓRIO EM UM ANÚNCIO DA EMPRESA ADOTE PONGS FLEXÍVEIS SEJA CRIATIVO EM SEUS ANÚNCIOS PROCURE PAIXÃO E INTENSIDADE IGNORE AS CREDENCIAIS INVESTIGUE OS HOBBIES PEÇA INDICAÇÕES A SEUS COLABORADORES EVITE CONTRATAR CLONES CONTRATE OS ANTIPÁTICOS CONTRATE OS LOUCOS ENCONTRE VÍTIMAS DE BULLYING PROCURE OS "OLHEIROS" PERGUNTE SOBRE LIVROS LEVE OS CANDIDATOS PARA VELEJAR CONTRATE DEBAIXO DO SEU NARIZ VASCULHE O TWITTER VISITE COMUNIDADES CRIATIVAS TOME CUIDADO COM OS IMPOSTORES FAÇA PERGUNTAS INUSITADAS APROFUNDE SUAS ENTREVISTAS CELEBRE INSTITUA ALGUM GRAU DE ANARQUIA* **RECEBA AS PEGADINHAS DE BRAÇOS ABERTOS** *CRIE UM REFÚGIO PARA SEUS TALENTOS CRIATIVOS CRIE UM AMBIENTE JUSTO REFUGIE-SE NO ISOLAMENTO DEFENDA AS MÁS IDEIAS CELEBRE OS FRACASSOS EXIJA O RISCO RECOMPENSE AS PISADAS DE BOLA PROMOVA O MENTORING TRATE OS COLABORADORES COMO ADULTOS MONTE UMA CADEIA CRIATIVA MONTE UM ESPAÇO CRIATIVO INSTITUA UM DIA DE DEMONSTRAÇÃO INCENTIVE O TDAH MOSTRE UM POUCO DO QUE ESTÁ POR VIR APRENDA A FALAR A LÍNGUA DA CRIATIVIDADE BRINCAR TAMBÉM TEM SEU VALOR NEUTRALIZE A TURMA DO CONTRA DOCUMENTE AS OBJEÇÕES POR ESCRITO LEVE SEU PESSOAL CRIATIVO A LUGARES CRIATIVOS OS RICOS TAMBÉM SÃO GENTE MUDE TODO DIA, TODA HORA LANCE OS DADOS FUJA DOS PROCESSOS PERAMBULE PELA WIKIPÉDIA NÃO CONTE COM A CONTABILIDADE INVENTE FERIADOS INESPERADOS MISTURE TUDO TIRE UM COCHILO* *C O N C L U S Ã O*

23

No final do século 20, os aeroportos americanos costumavam ter grandes displays publicitários com vários botões. Se você pressionasse um deles, era imediatamente conectado a algum tipo de serviço, digamos, um hotel ou uma empresa de locação de carros. Um dia, tarde da noite, Steve Wozniak decidiu se divertir um pouco: ele foi ao aeroporto de São Francisco e reprogramou alguns desses serviços, trocando o número de telefone das empresas pelo de seus amigos. No meio da noite, os amigos de Wozniak começaram a receber telefonemas de pessoas fazendo perguntas como "Você tem alguma coisa que não seja muito grande?" e "Quanto sai o pernoite?".

Steve Jobs também gostava dar trotes telefônicos e adorava uma boa pegadinha. Ele e Wozniak criaram o que eles chamaram de "caixas azuis", capazes de emular a série de tons que a companhia telefônica utilizava para codificar chamadas de longa distância, o que lhes possibilitava ligar de graça para qualquer lugar da Europa. (Lembre que, na época, as ligações transatlânticas eram caríssimas.)

Analisando o espectro de seguidores de regras e infratores delas, notamos que formas socialmente aceitáveis de romper as regras são irreverentes, criativas e honestas. Já as formas socialmente inaceitáveis de quebrar as regras não são nada disso. Você não vai querer contratar criminosos, e as empresas que recrutam em prisões não costumam se dar bem. Mas pegadinhas saudáveis são divertidas, distraem as pessoas e as fazem rir. E, se forem realmente inventivas, expõem as idiossincrasias dos outros e os ajudam a corrigi-las.

Um amigo me contou uma história de um jornalista que escrevera um livro de sucesso há alguns anos e começou a se levar a sério demais. Então, seus colegas do jornal onde ele trabalhava criaram uma engenhosa pegadinha: ligaram para ele se fazendo de entrevistadores para um programa de rádio lançando todo tipo de perguntas ridículas e pretensiosas às quais ele respondeu com respostas ridículas e pretensiosas. Alguns dias depois, o jornalista recebeu a fita pelo correio. Ninguém disse nada, mas seu nível de arrogância caiu imediatamente.

Uma das peças mais memoráveis da época da Atari foi pregada em um sujeito que adorava se gabar de seus feitos no golfe. Um dia, seus colegas substituíram todos os móveis de sua sala por torrões de grama e uma bandeira de golfe. Na manhã seguinte, ele abriu a porta de sua sala e se viu num campo de golfe verdejante. Depois disso, ele reduziu bastante as histórias sobre suas proezas no golfe.

É importante ter senso de humor no trabalho, e as brincadeiras ajudam as pessoas a aprender a rir de si mesmas. Pessoas pedantes e pretensiosas tendem a não correr riscos e não são tão criativas. A cultura brincalhona descontrai o ambiente de trabalho. A Groupon, empresa de cupons promocionais de 6 bilhões de dólares sediada em Chicago, tem um notório pregador de peças: Andrew Mason, CEO e cofundador da empresa. Mason é famoso por pregar grande variedade de peças, como dar uma sala a um colaborador inexistente. Dizem que ele também contratou um artista performático para andar pelo escritório de Chicago vestido com uma saia de bailarina.

A Zappos, varejista de calçados na internet, criou uma cultura na qual as pegadinhas não só são aceitas como são celebradas. Um dos dez valores essenciais da empresa é "Criar diversão e um pouco de esquisitice".

Pense nas brincadeiras como um jeito de exercitar a criatividade no trabalho. Advertência: só tome cuidado para não ir longe demais.

INTRODUÇÃO TRANSFORME O ESCRITÓRIO EM UM ANÚNCIO DA EMPRESA ADOTE PONGS FLEXÍVEIS SEJA CRIATIVO EM SEUS ANÚNCIOS PROCURE PAIXÃO E INTENSIDADE IGNORE AS CREDENCIAIS INVESTIGUE OS HOBBIES PEÇA INDICAÇÕES A SEUS COLABORADORES EVITE CONTRATAR CLONES CONTRATE OS ANTIPÁTICOS CONTRATE OS LOUCOS ENCONTRE VÍTIMAS DE BULLYING PROCURE OS "OLHEIROS" PERGUNTE SOBRE LIVROS LEVE OS CANDIDATOS PARA VELEJAR CONTRATE DEBAIXO DO SEU NARIZ VASCULHE O TWITTER VISITE COMUNIDADES CRIATIVAS TOME CUIDADO COM OS IMPOSTORES FAÇA PERGUNTAS INUSITADAS APROFUNDE SUAS ENTREVISTAS CELEBRE INSTITUA ALGUM GRAU DE ANARQUIA RECEBA AS PEGADINHAS DE BRAÇOS ABERTOS **CRIE UM REFÚGIO PARA SEUS TALENTOS CRIATIVOS** CRIE UM AMBIENTE JUSTO REFUGIE-SE NO ISOLAMENTO DEFENDA AS MÁS IDEIAS CELEBRE OS FRACASSOS EXIJA O RISCO RECOMPENSE AS PISADAS DE BOLA PROMOVA O MENTORING TRATE OS COLABORADORES COMO ADULTOS MONTE UMA CADEIA CRIATIVA MONTE UM ESPAÇO CRIATIVO INSTITUA UM DIA DE DEMONSTRAÇÃO INCENTIVE O TDAH MOSTRE UM POUCO DO QUE ESTÁ POR VIR APRENDA A FALAR A LÍNGUA DA CRIATIVIDADE BRINCAR TAMBÉM TEM SEU VALOR NEUTRALIZE A TURMA DO CONTRA DOCUMENTE AS OBJEÇÕES POR ESCRITO LEVE SEU PESSOAL CRIATIVO A LUGARES CRIATIVOS OS RICOS TAMBÉM SÃO GENTE MUDE TODO DIA, TODA HORA LANCE OS DADOS FUJA DOS PROCESSOS PERAMBULE PELA WIKIPÉDIA NÃO CONTE COM A CONTABILIDADE INVENTE FERIADOS INESPERADOS MISTURE TUDO TIRE UM COCHILO CONCLUSÃO

24

À medida que as empresas crescem, também tendem a inchar em termos de burocracia, logística e hierarquia. Ao mesmo tempo, tendem a encolher em termos de criatividade e originalidade. Em geral, quando uma empresa atinge cerca de 150 colaboradores, começa a ficar engessada. Quando a empresa tem um número grande demais de pessoas, a ponto de ninguém mais saber o nome uns dos outros, no que trabalham e como trabalham melhor, a calcificação se intensifica. As pessoas perdem a visão geral, a velocidade de lançamento no mercado se desacelera, o empreendedorismo desaparece e em pouco tempo sua organização se transforma basicamente em mais outra grande empresa.

Uma boa maneira de evitar essa rigidez é ramificando a empresa. Isso não significa criar filiais, mas sim abrir outro escritório. Alugue outro escritório e deixe as pessoas trabalharem lá, longe da burocracia, longe da estagnação. Basta aguá-las um pouco, deixá-las criar raízes e observá-las desenvolver a própria cultura.

Na década de 1940, a empresa aeroespacial Lockheed criou um escritório especial que chamou de Skunk Works. Foi um sucesso estrondoso, e o nome acabou pegando. Hoje o termo descreve qualquer grupo dentro de uma organização que recebe um alto grau de autonomia e cuja missão é trabalhar em projetos avançados ou secretos. Às vezes, as empresas dão a esse grupo um nome diferente: o skunkworks do Google é chamado de Google X. Nela, os colaboradores trabalham em projetos especiais, tais como carros sem motorista e elevadores espaciais, embora a natureza exata do que o Google X faz é tão confidencial que nem a maioria dos colaboradores do próprio Google sabe. Da mesma forma, agora que a empresa comprou a Motorola, eles estão planejando criar uma Divisão de Projetos e Tecnologia Avançada na empresa, e essa divisão reunirá um pequeno grupo de experts para desenvolver novas tecnologias que possam ser incluídas nos aparelhos da Motorola.

Muitas outras empresas possuem configurações semelhantes: duas décadas atrás, a Microsoft criou um skunkworks chamado Microsoft Research para desenvolver a computação de ponta por meio de pesquisa básica e aplicada. De maneira similar, a Ford recentemente criou uma operação de skunkworks com 85 colaboradores para recriar os automóveis da marca de luxo Lincoln.

A Atari também tinha o próprio skunkworks. Localizado em um hospital desativado da época da Segunda Guerra Mundial, em Grass Valley, Califórnia, o lugar tinha paredes grossas, um layout estranho e um gerador de emergência no porão. O edifício ficava em uma pequena colina, cercado de pinheiros e considerado por muitos de nós um dos lugares mais bonitos do mundo.

No Grass Valley, alocávamos um grupo de engenheiros com conhecimento inigualável em eletrônica ou mecânica em equipes especiais. Essas pessoas incrivelmente criativas estavam definhando em nosso escritório central. Deixados por conta própria no nosso skunkworks, a imaginação deles logo se soltou. Um número expressivo dos melhores produtos da Atari se originou lá, inclusive games de corrida que renderam um sólido fluxo de lucros para a empresa. Também foi lá que criamos o design do Atari 2600, um produto multibilionário que lançou o negócio de consoles domésticos de games.

CRIE UM REFÚGIO PARA OS SEUS TALENTOS CRIATIVOS

A que distância do seu escritório central você deve situar seu skunkworks? Isso depende do horizonte de tempo previsto para os projetos. Se a ideia é trabalhar com projetos que deverão ver a luz do dia em pouco tempo, seu skunkworks pode ficar a apenas um quarteirão do escritório central. Seu pessoal criativo pode ir andando ao skunkworks, que fica, de certa forma, isolado. Se os projetos forem mais prolongados, o skunkworks deve ficar mais longe. O nosso ficava a duas horas de carro da sede. Eu não precisava visitá-lo com frequência, porque o pessoal criativo trabalhava em projetos que levariam um ano ou mais para serem concluídos.

Outra vantagem de manter seu skunkworks a distância é poder flexibilizar as regras. Talvez sua empresa não permita que as pessoas passem a noite no escritório. No skunkworks elas podem. Talvez a empresa não permita a presença de cães. No skunkworks os amigos caninos são bem-vindos. Talvez a empresa tenha um código de vestuário. No skunkworks as pessoas podem vestir o que quiserem — contanto que esteja dentro da lei.

Além disso, no escritório central, é preciso manter chateações como guardas, crachás e estrutura. São restrições que dificultam a criatividade e não são necessárias no seu skunkworks.

O relativo isolamento do skunkworks também dá às pessoas a chance de se refugiar do burburinho diário do escritório central. A maioria das empresas tem uma máquina principal de fazer dinheiro, um carro-chefe que pode ocupar a maior parte da mão de obra disponível. E, na maioria das empresas, esse carro-chefe costuma estar em algum tipo de crise. Em consequência, a tendência natural é alocar o máximo de recursos possível para resolver a emergência, porque a máquina de fazer dinheiro é fundamental para o negócio.

Estranhamente, pouca gente entende que o futuro também é fundamental para a empresa. As empresas tendem a sofrer com a tirania do agora, e as pessoas se inclinam a achar que o hoje é mais importante que o amanhã. No entanto, se não houver um amanhã, não adianta ter um bom hoje. É por isso que é melhor evitar que os projetos criativos fiquem presos nesse pântano do dia a dia. Se todo o seu pessoal, incluindo os mais criativos, se ocuparem das batalhas internas, nada mais acontece.

Lembre-se de que é cada vez mais difícil obter esse isolamento nos dias de hoje, devido a tecnologias de comunicação como o Skype, mensagens de texto, tuítes e assim por diante. Dessa forma, você precisa proteger seu skunkworks não apenas das emergências, mas também das trivialidades da vida cotidiana. Se isso implicar proibir a comunicação eletrônica, feche os olhos, tape o nariz, engula o remédio e veja o que acontece.

INTRODUÇÃO
TRANSFORME O ESCRITÓRIO EM UM ANÚNCIO DA EMPRESA
ADOTE PONGS FLEXÍVEIS SEJA CRIATIVO EM SEUS ANÚNCIOS
PROCURE PAIXÃO E INTENSIDADE IGNORE AS CREDENCIAIS
INVESTIGUE OS HOBBIES PEÇA INDICAÇÕES A SEUS
COLABORADORES EVITE CONTRATAR CLONES CONTRATE
OS ANTIPÁTICOS CONTRATE OS LOUCOS ENCONTRE
VÍTIMAS DE BULLYING PROCURE OS "OLHEIROS" PERGUNTE
SOBRE LIVROS LEVE OS CANDIDATOS PARA VELEJAR
CONTRATE DEBAIXO DO SEU NARIZ VASCULHE O TWITTER
VISITE COMUNIDADES CRIATIVAS TOME CUIDADO COM OS
IMPOSTORES FAÇA PERGUNTAS INUSITADAS APROFUNDE
SUAS ENTREVISTAS CELEBRE INSTITUA ALGUM GRAU
DE ANARQUIA RECEBA AS PEGADINHAS DE BRAÇOS
ABERTOS CRIE UM REFÚGIO PARA SEUS TALENTOS CRIATIVOS
CRIE UM AMBIENTE JUSTO REFUGIE-SE NO ISOLAMENTO
DEFENDA AS MÁS IDEIAS CELEBRE OS FRACASSOS EXIJA
O RISCO RECOMPENSE AS PISADAS DE BOLA PROMOVA O
MENTORING TRATE OS COLABORADORES COMO ADULTOS
MONTE UMA CADEIA CRIATIVA MONTE UM ESPAÇO CRIATIVO
INSTITUA UM DIA DE DEMONSTRAÇÃO INCENTIVE O TDAH
MOSTRE UM POUCO DO QUE ESTÁ POR VIR APRENDA A
FALAR A LÍNGUA DA CRIATIVIDADE BRINCAR TAMBÉM
TEM SEU VALOR NEUTRALIZE A TURMA DO CONTRA
DOCUMENTE AS OBJEÇÕES POR ESCRITO LEVE SEU PESSOAL
CRIATIVO A LUGARES CRIATIVOS OS RICOS TAMBÉM
SÃO GENTE MUDE TODO DIA, TODA HORA LANCE OS
DADOS FUJA DOS PROCESSOS PERAMBULE PELA
WIKIPÉDIA NÃO CONTE COM A CONTABILIDADE INVENTE
FERIADOS INESPERADOS MISTURE TUDO TIRE UM COCHILO
CONCLUSÃO

25

Muita gente acha que é capaz de manipular qualquer sistema. Em outras palavras, acreditam que podem encontrar um jeito de ganhar pontos por ações não diretamente relacionadas a resultados positivos.

A manipulação do sistema significa a morte da meritocracia, porque as pessoas manipulam o sistema para destruir toda a justiça. E os manipuladores costumam ser descarados, o que tende a enfurecer todo mundo.

É sempre melhor impedir que as pessoas consigam se apropriar dos créditos por uma inovação ou ideia que não pertença a elas. Na Atari, sempre que uma boa ideia começava a tomar forma, tentávamos associá-la ao maior número de pessoas possível que ajudaram a concretizá-la. Essa política criava um senso de justiça, o que é sempre bom.

Raramente um conceito é concebido, apresentado, executado e realizado por um único indivíduo. Poucas boas ideias vindas de uma única pessoa já nascem completamente formadas. Incontáveis decisões ainda devem ser tomadas, começando pelo desenvolvimento da ideia inicial até culminar no lançamento do produto ou serviço. Cada uma dessas decisões é tomada por alguém que pode muito bem estar deixando uma importante contribuição à ideia original, mesmo que nem sempre seja de alta visibilidade.

Além disso, se o criador original tiver um sentimento exacerbado de posse pela ideia, ele pode tentar exercer controle demais sobre ela (afinal, ele declara, a ideia é dele). Digamos que tenha sido o primeiro a ter a ideia do Incrível Aparelho Modelo 450. Se tiver plena liberdade de ação, ele pode querer decidir tudo o que acontece com o Incrível Aparelho 450: seus benefícios, melhorias e alterações.

Isso seria dar poder demais a uma única pessoa! Nenhuma empresa deve dar à pessoa que originou a ideia o poder de censurar melhorias, mesmo no caso de um produto tão maravilhoso quanto o Incrível Aparelho 450. Uma excelente ideia para um produto ou serviço tem muito mais chances de constituir a base para muitas pequenas melhorias e ideias do que ser o fruto de um único e súbito lampejo de genialidade.

Outro problema do jogo dos créditos é que, se alguém puder receber todos os créditos, a empresa tem uma cultura de posse individual. Por que levar a próxima grande ideia à sua equipe se você pode receber toda a glória sozinho?

Uma boa cultura corporativa possibilita que a identidade da empresa se misture com a identidade de seus colaboradores individuais. A Apple criou um ambiente no qual seus colaboradores do varejo se dispõem a trabalhar por salários relativamente baixos, ao mesmo tempo em que geram vendas de cerca de 750 mil dólares por trimestre. Cerca de 30 mil colaboradores da Apple, de um total de 43 mil, trabalham nas lojas de varejo por cerca de 25 mil dólares anuais e, de acordo com a maioria das fontes, eles adoram o trabalho. Esse tipo de lealdade pode beirar ao fanatismo.

É muito melhor que seus serviços ou produtos sejam conhecidos por serem de sua empresa, em vez de vinculados a um colaborador criativo específico. Quanto mais essas ideias ficam na família, mais prósperos e felizes os membros dessa família serão.

I N T R O D U Ç Ã O
TRANSFORME O ESCRITÓRIO EM UM ANÚNCIO DA EMPRESA
ADOTE PONGS FLEXÍVEIS SEJA CRIATIVO EM SEUS ANÚNCIOS
PROCURE PAIXÃO E INTENSIDADE IGNORE AS CREDENCIAIS
INVESTIGUE OS HOBBIES PEÇA INDICAÇÕES A SEUS
COLABORADORES EVITE CONTRATAR CLONES CONTRATE
OS ANTIPÁTICOS CONTRATE OS LOUCOS ENCONTRE
VÍTIMAS DE BULLYING PROCURE OS "OLHEIROS" PERGUNTE
SOBRE LIVROS LEVE OS CANDIDATOS PARA VELEJAR
CONTRATE DEBAIXO DO SEU NARIZ VASCULHE O TWITTER
VISITE COMUNIDADES CRIATIVAS TOME CUIDADO COM OS
IMPOSTORES FAÇA PERGUNTAS INUSITADAS APROFUNDE
SUAS ENTREVISTAS CELEBRE INSTITUA ALGUM GRAU
DE ANARQUIA RECEBA AS PEGADINHAS DE BRAÇOS
ABERTOS CRIE UM REFÚGIO PARA SEUS TALENTOS CRIATIVOS
CRIE UM AMBIENTE JUSTO **REFUGIE-SE NO ISOLAMENTO**
DEFENDA AS MÁS IDEIAS CELEBRE OS FRACASSOS EXIJA
O RISCO RECOMPENSE AS PISADAS DE BOLA PROMOVA O
MENTORING TRATE OS COLABORADORES COMO ADULTOS
MONTE UMA CADEIA CRIATIVA MONTE UM ESPAÇO CRIATIVO
INSTITUA UM DIA DE DEMONSTRAÇÃO INCENTIVE O TDAH
MOSTRE UM POUCO DO QUE ESTÁ POR VIR APRENDA A
FALAR A LÍNGUA DA CRIATIVIDADE BRINCAR TAMBÉM
TEM SEU VALOR NEUTRALIZE A TURMA DO CONTRA
DOCUMENTE AS OBJEÇÕES POR ESCRITO LEVE SEU PESSOAL
CRIATIVO A LUGARES CRIATIVOS OS RICOS TAMBÉM
SÃO GENTE MUDE TODO DIA, TODA HORA LANCE OS
DADOS FUJA DOS PROCESSOS PERAMBULE PELA
WIKIPÉDIA NÃO CONTE COM A CONTABILIDADE INVENTE
FERIADOS INESPERADOS MISTURE TUDO TIRE UM COCHILO
C O N C L U S Ã O

26

O Pajaro Dunes é um banco de areia na costa da Baía de Monterey, a cerca de 30 quilômetros ao sul de Santa Cruz, na Califórnia, uma bela paisagem pontuada por estranhos arbustos e casas de praia arquitetonicamente interessantes, ligadas por passarelas de madeira. Na Atari, descobrimos que era o lugar perfeito para realizar nossas sessões criativas, apesar de ficar a uns 150 quilômetros de nossa sede.

Quando chegávamos lá, comíamos, bebíamos, fumávamos e jogávamos. E, é claro, também falavamos de negócios. Começávamos traçando um panorama do setor e, em seguida, discutíamos sobre feiras comerciais, produtos potencialmente competitivos, distribuidores e assim por diante. Depois conversávamos sobre projetos potenciais.

A eficácia do Pajaro não estava em sua beleza — a proximidade do oceano, o incrível pôr do sol (embora tudo isso ajudasse) —, mas sim no fato de que, uma vez lá, não tínhamos mais para onde ir. Diferentemente de um hotel ou centro de conferências, onde as pessoas podem sair e fazer o que quiserem depois das reuniões, no Pajaro passávamos o tempo todo juntos, trabalhando ou nos divertindo.

É assim que se desenvolve uma equipe: pela comunicação. Mesmo que seja preciso forçá-la. Uma empresa saudável sempre promove a comunicação entre os colaboradores. Uma das melhores maneiras de promover a comunicação é forçá-los a passar um tempo juntos, queiram ou não.

Pessoas que normalmente não dariam ouvidos a outras são obrigadas a fazê-lo quando estão todos presos num local isolado. Pessoas que normalmente nem falariam umas com as outras são obrigadas a conversar quando se veem confinadas juntas. Conversas interessantes acontecem quando você não tem mais ninguém com quem conversar.

Além disso, esses retiros eram preenchidos com diversas atividades em grupo obrigatórias, durante as quais descobrimos que jogos de tabuleiro como *War* poderiam ser um pouco como usar fantasias (veja o pong 21). Nós nos permitíamos sair da rotina e dizer e sentir coisas na frente dos outros que não teríamos a liberdade de dizer ou sentir antes.

Descobrimos também que, depois de cerca de três dias de isolamento, nós nos cansávamos uns dos outros. Quase qualquer um é capaz de manter uma fachada por uma hora em uma sala de conferências, mas poucas pessoas conseguem fazer isso por três dias seguidos, em um ambiente diferente e isolado. A máscara cai, e você descobre quem as pessoas realmente são. Os colaboradores conversam abertamente entre si, em geral se comunicam melhor e trabalham em equipe com mais eficácia e criatividade quando se sentem à vontade no grupo.

Se você não souber direito como realizar um retiro, toda uma indústria dedicada a levar equipes a lugares exóticos ou aventureiros foi criada para ajudá-lo. Isole seus colaboradores e prospere!

Isolamento individual

O isolamento não faz bem apenas para a alma do grupo, mas também é bom para a alma individual. Eu, pessoalmente, sempre preciso me refugiar no meu "santuário masculino" — a minha "caverna" — por um tempo, toda semana. Quanto mais tempo passo lá, mais criativo sou. Steve Jobs também foi um grande defensor do poder da reclusão e sempre me dizia que a meditação solitária era seu único caminho para o equilíbrio. Com efeito, mais tarde na vida, ele me contou que atribuía seus problemas de saúde ao que chamava de "o atoleiro de problemas" que encontrou na Apple, quando retornou à empresa em 1997 e não teve mais tempo para retirar-se do mundo.

Steve sempre gostou de meditar. Tanto que foi à Índia em meados dos anos 1970 para fazer justamente isso. A viagem foi paga pela Atari. Ele nos disse que se demitiria antes de viajar, mas, como a empresa tinha um problema na Europa, propusemos que, se ele fosse à Europa resolver o problema, pagaríamos a viagem e ele poderia voltar pela Índia.

Steve voltou doente da Índia e retornou à Atari, onde ele e Steve Wozniak trabalharam no nosso game de enorme sucesso *Breakout*, um projeto que todos os outros engenheiros rejeitavam por se tratar de um simples jogo de rebater bolas. Passada a febre do *Pong* e jogos similares, o mercado para esses games tinha secado. No entanto, os Steves viram um potencial que ninguém mais conseguiu enxergar.

Steve sempre gostou de manter a vida simples e meditativa. Um exemplo disso é que normalmente era ele quem me visitava, mas um dia, na década de 1980, quando eu estava andando de moto sem ter aonde ir, resolvi visitá-lo e conhecer a casa que ele tinha comprado um ano antes. Bati à porta e ele levou um tempão para atender. Estava dormindo, apesar de ser bem depois do meio-dia. Ele me convidou para entrar e parecia que tinha acabado de se mudar — a casa tinha pouquíssimos móveis e quase nenhuma comida, só algum chá e frutas. Depois, sentamos debaixo de uma árvore em um banco no quintal, onde me contou que aquela casa representava tudo o que ele sempre quis na vida: o mínimo de entulho possível.

Acredito firmemente que todos os que desejam ser criativos devem encontrar um lugar onde sua mente possa ficar sozinha e intocada pela insanidade da complexidade. Existe um lugar, um estado de espírito, em algum ponto entre o raciocínio cognitivo e o sonho, um lugar que pode ser encontrado pouco antes de pegar no sono ou logo depois de acordar. É desse lugar que surgem os pensamentos imaginativos.

I N T R O D U Ç Ã O O TRANSFORME O ESCRITÓRIO EM UM ANÚNCIO DA EMPRESA ADOTE PONGS FLEXÍVEIS SEJA CRIATIVO EM SEUS ANÚNCIOS PROCURE PAIXÃO E INTENSIDADE IGNORE AS CREDENCIAIS INVESTIGUE OS HOBBIES PEÇA INDICAÇÕES A SEUS COLABORADORES EVITE CONTRATAR CLONES CONTRATE OS ANTIPÁTICOS CONTRATE OS LOUCOS ENCONTRE VÍTIMAS DE BULLYING PROCURE OS "OLHEIROS" PERGUNTE SOBRE LIVROS LEVE OS CANDIDATOS PARA VELEJAR CONTRATE DEBAIXO DO SEU NARIZ VASCULHE O TWITTER VISITE COMUNIDADES CRIATIVAS TOME CUIDADO COM OS IMPOSTORES FAÇA PERGUNTAS INUSITADAS APROFUNDE SUAS ENTREVISTAS CELEBRE INSTITUA ALGUM GRAU DE ANARQUIA RECEBA AS PEGADINHAS DE BRAÇOS ABERTOS CRIE UM REFÚGIO PARA SEUS TALENTOS CRIATIVOS CRIE UM AMBIENTE JUSTO REFUGIE-SE NO ISOLAMENTO **DEFENDA AS MÁS IDEIAS** CELEBRE OS FRACASSOS EXIJA O RISCO RECOMPENSE AS PISADAS DE BOLA PROMOVA O MENTORING TRATE OS COLABORADORES COMO ADULTOS MONTE UMA CADEIA CRIATIVA MONTE UM ESPAÇO CRIATIVO INSTITUA UM DIA DE DEMONSTRAÇÃO INCENTIVE O TDAH MOSTRE UM POUCO DO QUE ESTÁ POR VIR APRENDA A FALAR A LÍNGUA DA CRIATIVIDADE BRINCAR TAMBÉM TEM SEU VALOR NEUTRALIZE A TURMA DO CONTRA DOCUMENTE AS OBJEÇÕES POR ESCRITO LEVE SEU PESSOAL CRIATIVO A LUGARES CRIATIVOS OS RICOS TAMBÉM SÃO GENTE MUDE TODO DIA, TODA HORA LANCE OS DADOS FUJA DOS PROCESSOS PERAMBULE PELA WIKIPÉDIA NÃO CONTE COM A CONTABILIDADE INVENTE FERIADOS INESPERADOS MISTURE TUDO TIRE UM COCHILO *C O N C L U S Ã O*

27

No Pajaro Dunes, costumava empregar um dos meus truques favoritos para estimular a criatividade: pedia que todos fizessem uma lista de todas as ideias apresentadas em nossas reuniões e classificassem cada ideia em uma escala de boa a ruim. Depois, pegava os seis últimos itens da lista e dizia: "Vamos supor que, nos próximos meses, só pudéssemos trabalhar nesses seis projetos terríveis. Como podemos fazer eles darem certo?".

Esse processo virava de cabeça para baixo o jeito que as pessoas normalmente pensavam. Em vez de tentar encontrar problemas — o que desencadeia o lado crítico das pessoas, agora precisavam descobrir o que alguma coisa tem de certo, o que estimula seu lado criativo.

Sempre que realizávamos esse exercício, pelo menos uma das seis piores ideias se revelava ser não apenas boa, mas excelente, e acabava se tornando uma máquina de fazer dinheiro para nós. A melhor dessas piores ideias foi um game de tiro chamado *Qwack!*, no qual os jogadores atiravam em patos com um rifle. No início, a ideia parecia terrível, mas, quando descobrimos um jeito inteligente de fazer o rifle funcionar, o jogo se tornou um enorme sucesso.

Aprendi essa técnica específica, que adaptei para a Atari, com meu professor de debate no colegial, que disse em nosso primeiro dia de prática que teríamos de aprender a argumentar a favor e contra qualquer proposição. Logo descobrimos que defender um argumento no qual não acreditávamos podia virar de cabeça para baixo nossa visão de mundo e nos ajudar a ver aspectos que não tínhamos condições de enxergar antes.

Um dos problemas do sistema educacional dos dias de hoje é que muitas vezes as pessoas mais criativas são transformadas nas menos criativas. Vez após vez, o processo ensina as crianças a se editar, a se conformar e a jamais se destacar. Se o desenho que uma menininha fizer de uma flor não se adequar ao conceito que o professor tem do que é uma flor, isso quer dizer que não é bom. Mais cedo ou mais tarde ela aprende a dizer: "Não é isso que querem que eu faça, então é melhor me conformar ou vou tirar notas baixas".

A meta de uma empresa de sucesso é fazer o contrário: incentivar o dissonante, o incomum, o notável. Esse pode ser o maior impulsionador do sucesso que a sua empresa jamais conhecerá.

I N T R O D U Ç Ã O
TRANSFORME O ESCRITÓRIO EM UM ANÚNCIO DA EMPRESA
ADOTE PONGS FLEXÍVEIS SEJA CRIATIVO EM SEUS ANÚNCIOS
PROCURE PAIXÃO E INTENSIDADE IGNORE AS CREDENCIAIS
INVESTIGUE OS HOBBIES PEÇA INDICAÇÕES A SEUS
COLABORADORES EVITE CONTRATAR CLONES CONTRATE
OS ANTIPÁTICOS CONTRATE OS LOUCOS ENCONTRE
VÍTIMAS DE BULLYING PROCURE OS "OLHEIROS" PERGUNTE
SOBRE LIVROS LEVE OS CANDIDATOS PARA VELEJAR
CONTRATE DEBAIXO DO SEU NARIZ VASCULHE O TWITTER
VISITE COMUNIDADES CRIATIVAS TOME CUIDADO COM OS
IMPOSTORES FAÇA PERGUNTAS INUSITADAS APROFUNDE
SUAS ENTREVISTAS CELEBRE INSTITUA ALGUM GRAU
DE ANARQUIA RECEBA AS PEGADINHAS DE BRAÇOS
ABERTOS CRIE UM REFÚGIO PARA SEUS TALENTOS CRIATIVOS
CRIE UM AMBIENTE JUSTO REFUGIE-SE NO ISOLAMENTO
DEFENDA AS MÁS IDEIAS **CELEBRE OS FRACASSOS** EXIJA
O RISCO RECOMPENSE AS PISADAS DE BOLA PROMOVA O
MENTORING TRATE OS COLABORADORES COMO ADULTOS
MONTE UMA CADEIA CRIATIVA MONTE UM ESPAÇO CRIATIVO
INSTITUA UM DIA DE DEMONSTRAÇÃO INCENTIVE O TDAH
MOSTRE UM POUCO DO QUE ESTÁ POR VIR APRENDA A
FALAR A LÍNGUA DA CRIATIVIDADE BRINCAR TAMBÉM
TEM SEU VALOR NEUTRALIZE A TURMA DO CONTRA
DOCUMENTE AS OBJEÇÕES POR ESCRITO LEVE SEU PESSOAL
CRIATIVO A LUGARES CRIATIVOS OS RICOS TAMBÉM
SÃO GENTE MUDE TODO DIA, TODA HORA LANCE OS
DADOS FUJA DOS PROCESSOS PERAMBULE PELA
WIKIPÉDIA NÃO CONTE COM A CONTABILIDADE INVENTE
FERIADOS INESPERADOS MISTURE TUDO TIRE UM COCHILO
C O N C L U S Ã O

28

Se as pessoas relutam em propor ideias ruins, isso quer dizer que têm horror ao fracasso. E, se temerem o fracasso, provavelmente não terão sucesso. Sua empresa deve fazer que o fracasso seja uma opção defensável.

Naturalmente ninguém vai fazer planos tendo em vista o fracasso. No entanto, é inevitável e necessário quando tentamos algo novo. Se estiver aprendendo a esquiar e nunca cair, você jamais vai melhorar. Deve correr novos riscos para aprender coisas novas. Você deve fracassar para ter sucesso. O fracasso é um importante professor.

Além disso, os fracassos quase nunca são completos. É preciso analisar todos os aspectos de um projeto para decidir se ele, de fato, é o grande desastre que você temia que fosse. A verdade é que, se você prestar atenção, pode aprender muito com o fracasso. As pessoas que têm medo dele — e medo de falar a respeito — deixarão passar todo o excelente conhecimento que resulta de tentar algo novo e diferente.

Por exemplo, o Lisa, o primeiro computador da Apple, lançado no início dos anos 1980, foi um grande fiasco. Era lento e caro. Poucas pessoas gostaram dele. O computador não vendeu. No entanto, grande parte do que a Apple aprendeu com o fracasso do Lisa foi incorporada a seu próximo modelo, o Mac, que foi um sucesso estrondoso. A empresa não teria sido capaz de descobrir como fazer que o Mac fosse tão bom se o Lisa não tivesse sido tão ruim.

De maneira similar, o primeiro restaurante do Chuck E. Cheese's também foi um fiasco. Imaginamos que 500 metros quadrados seriam suficientes para nosso restaurante, mas, no dia da inauguração, percebemos que tínhamos cometido um erro terrível. O lugar era apertado demais. Foi uma situação nada agradável: todo mundo apinhado, em meio ao barulho e ao caos. Todos ficaram surpresos de que alguém tenha voltado. Entretanto, soubemos exatamente onde erramos. Nosso próximo restaurante tinha quase dois mil metros quadrados, um espaço amplo e maravilhoso. Jamais teríamos tentado algo tão grandioso para nosso primeiro restaurante, porque nunca existiu um restaurante tão grande antes. Mas acontece que precisávamos de espaço e só pudemos descobrir isso com o fracasso.

Além disso, ao aceitar o fracasso como uma parte necessária de seu negócio, você livrará seus colaboradores do medo constante de que, se fizerem alguma coisa — qualquer coisa — errada, estarão no olho da rua. O medo do fracasso cria uma organização que diz não a cada nova ideia. Essa organização dirá não até o dia em que fechar as portas com um não definitivo: "Não estamos mais abertos".

A história empresarial está repleta de empresas que quase fracassaram, mas que usaram esses fracassos para se reinventar. Por exemplo, na década de 1990, a SEGA Corp concorria ferozmente com a Nintendo e a Sony pelo domínio do mercado de consoles de video game. Quando o console Dreamcast da SEGA se revelou um fracasso, a empresa ficou à beira do colapso. A SEGA decidiu se reestruturar e, em 2001, optou por deixar de fabricar consoles. Ao se concentrar em desenvolver games com suas marcas renomadas para outros consoles e adquirir empresas menores de desenvolvimento de games, a SEGA se viu de volta aos trilhos em 2005.

Uma das histórias de fracasso de que mais gosto é a do onipresente produto doméstico WD-40. Ele tem esse nome porque as primeiras 39 versões do produto fracassaram. A sigla WD-40 representa *Water displacement, 40th formula*, algo como "eliminador de água, 40ª fórmula".

Muitos empreendedores começaram com fracassos para encontrar o sucesso mais adiante no caminho. Akio Morita fundou uma empresa cujo primeiro produto foi uma panela de arroz que até seria um sucesso... se não queimasse o arroz. No entanto, a empresa conseguiu encontrar o sucesso em outras áreas e hoje é a consagrada Sony. As duas primeiras empresas automobilísticas de Henry Ford fracassaram, mas isso não o impediu de fundar a Ford Motor Company.

Até pessoas que estão surfando em uma grande onda de sucesso podem ter grandes fracassos e aprender com eles: todo mundo conhece a Virgin Records e a Virgin Airlines de Sir Richard Branson, mas quantas pessoas se lembram da Virgin Cola ou da Virgin Vodka?

Naturalmente, há um jeito certo e um jeito errado de fracassar. O fracasso é útil, mas insucessos em demasia podem derrubá-lo para sempre. A menos que seu objetivo seja a falência — e a menos que você tenha boas razões para isso —, nunca aposte mais do que uma pequena parcela de seus ativos em uma única ideia. Dessa forma, o projeto pode ser o mais completo fracasso, e você não apenas poderá sobreviver como também sairá com muitas lições valiosas.

INTRODUÇÃO TRANSFORME O ESCRITÓRIO EM UM ANÚNCIO DA EMPRESA ADOTE PONGS FLEXÍVEIS SEJA CRIATIVO EM SEUS ANÚNCIOS PROCURE PAIXÃO E INTENSIDADE IGNORE AS CREDENCIAIS INVESTIGUE OS HOBBIES PEÇA INDICAÇÕES A SEUS COLABORADORES EVITE CONTRATAR CLONES CONTRATE OS ANTIPÁTICOS CONTRATE OS LOUCOS ENCONTRE VÍTIMAS DE BULLYING PROCURE OS "OLHEIROS" PERGUNTE SOBRE LIVROS LEVE OS CANDIDATOS PARA VELEJAR CONTRATE DEBAIXO DO SEU NARIZ VASCULHE O TWITTER VISITE COMUNIDADES CRIATIVAS TOME CUIDADO COM OS IMPOSTORES FAÇA PERGUNTAS INUSITADAS APROFUNDE SUAS ENTREVISTAS CELEBRE INSTITUA ALGUM GRAU DE ANARQUIA RECEBA AS PEGADINHAS DE BRAÇOS ABERTOS CRIE UM REFÚGIO PARA SEUS TALENTOS CRIATIVOS CRIE UM AMBIENTE JUSTO REFUGIE-SE NO ISOLAMENTO DEFENDA AS MÁS IDEIAS CELEBRE OS FRACASSOS **EXIJA O RISCO** RECOMPENSE AS PISADAS DE BOLA PROMOVA O MENTORING TRATE OS COLABORADORES COMO ADULTOS MONTE UMA CADEIA CRIATIVA MONTE UM ESPAÇO CRIATIVO INSTITUA UM DIA DE DEMONSTRAÇÃO INCENTIVE O TDAH MOSTRE UM POUCO DO QUE ESTÁ POR VIR APRENDA A FALAR A LÍNGUA DA CRIATIVIDADE BRINCAR TAMBÉM TEM SEU VALOR NEUTRALIZE A TURMA DO CONTRA DOCUMENTE AS OBJEÇÕES POR ESCRITO LEVE SEU PESSOAL CRIATIVO A LUGARES CRIATIVOS OS RICOS TAMBÉM SÃO GENTE MUDE TODO DIA, TODA HORA LANCE OS DADOS FUJA DOS PROCESSOS PERAMBULE PELA WIKIPÉDIA NÃO CONTE COM A CONTABILIDADE INVENTE FERIADOS INESPERADOS MISTURE TUDO TIRE UM COCHILO CONCLUSÃO

29

Todo mundo sabe que os riscos são necessários. Muitos dos maiores avanços realizados nos domínios da ciência, medicina e negócios jamais teriam sido possíveis se alguém não estivesse disposto a entrar — literal ou metaforicamente — em território desconhecido. Pense nos irmãos Wright, voando pelo ar pela primeira vez; na heroína dos direitos civis, Rosa Parks, recusando-se a sair da seção exclusiva para brancos no ônibus; no cientista do Renascimento, Galileu Galilei, que arriscou a vida ao desacatar as proibições da Igreja Católica e se tornou o pai da astronomia moderna; ou no líder indiano Mahatma Gandhi, que também arriscou a vida para liderar o movimento de resistência não violenta na luta pela independência de seu país.

Muitas empresas de hoje só sobreviveram porque seus fundadores se dispuseram a assumir riscos. Vejamos, por exemplo, o caso da Pandora, serviço de recomendação de música na internet: em 2001, seus proprietários não tinham mais fundos e decidiram arriscar tudo no futuro da empresa. Dessa forma, mais de cinquenta colaboradores toparam adiar o salário por dois anos, e o fundador Tim Westergren estourou onze cartões de crédito até a empresa ser resgatada por um investimento de capital de risco de oito milhões de dólares em 2004. Hoje, a empresa vale 1,58 bilhão de dólares. Também temos o exemplo de Sir James Dyson, o fundador da Dyson Ltd., que acreditava tanto em sua capacidade de criar um aspirador de pó espetacular que construiu mais de cinco mil protótipos e incorreu em uma dívida de quatro milhões de dólares. Em 2011, a empresa gerou um bilhão de dólares e, ao que consta, o patrimônio líquido da Dyson superou a marca dos dois bilhões de dólares.

Ainda assim, apesar de todas as histórias de grandes sucessos possibilitados por grandes riscos, o risco aterroriza a maioria das pessoas. Isso acontece porque temem a incerteza e o fracasso, duas possibilidades para as quais o risco costuma abrir as portas.

A própria definição de risco envolve um resultado incerto, o que não deixa o cérebro humano feliz. O cérebro quer prever o futuro com precisão. Quanto mais certos estamos sobre nosso ambiente, mais seguros nos sentimos. Tem sido assim desde sempre. O que vamos plantar, quais são os pontos fortes dos nossos inimigos, como será o tempo amanhã, será que aquele tigre-dentes-de-sabre vai tentar nos comer?

Hoje não corremos muitos riscos de vida ou morte, mas corremos alguns que poderiam significar a vida ou a morte da nossa empresa — e as pessoas tendem temer esses riscos.

No entanto, uma das melhores maneiras para uma empresa criar um ecossistema saudável, que estimula a criatividade, é incluindo os riscos. Isso não implica fazer alguma tolice de propósito ou deixar de planejar para o futuro. Os riscos podem ser inteligentes, burros ou qualquer coisa entre esses dois extremos. Entretanto, todas as empresas devem ter um orçamento que lhes possibilite gastar determinada quantia ou porcentagem em projetos que não têm um sucesso garantido e em ideias que permitam que o pessoal criativo descubra soluções para problemas ainda não detectados pelos concorrentes.

É claro que, para algumas empresas — especialmente as pequenas — o risco é a única alternativa possível. Na Atari, todo o nosso modelo de negócios se baseava em riscos. Nossos concorrentes eram maiores, mais fortes e melhores em marketing, de modo que fomos obrigados a depender da nossa cultura de criatividade para sobreviver. O peixe é o último a entender a água. Nós éramos os peixes. Era tudo o que sabíamos.

Hoje em dia, com o ambiente de negócios modificando-se com tanta rapidez, as empresas têm de ser inovadoras para sobreviver — mesmo se isso implicar mudar sua cultura avessa aos riscos. E a contratação de um Steve Jobs certamente faz parte dessa mudança. A verdade é que poucas empresas contratariam Steve, até mesmo hoje. Por quê? Porque ele era diferente. Para a maioria dos empregadores potenciais, não passaria de um babaca malvestido. No entanto, um babaca malvestido pode ser exatamente o cara certo para dar à sua empresa a maior capitalização de mercado do mundo.

No século 21, correr riscos não é uma opção. É uma necessidade. No entanto, muitas empresas se tornaram tão avessas ao risco que, quando uma ação rápida, decisiva e firme se faz necessária, elas ficam paralisadas. E essa é a principal razão pela qual as empresas devem permitir que seus talentos criativos corram riscos. Afinal, o ambiente de negócios muda tão rapidamente que a qualquer momento alguma outra empresa pode chegar e roubar seus clientes debaixo do seu nariz. Uma manobra arriscada costuma ser necessária para revidar. Entretanto, se a sua empresa não tiver uma cultura propícia a correr riscos, vocês não saberão como arriscar quando precisarem. E pode apostar: um dia vocês precisarão.

Em resumo, é obrigatório correr riscos por ser a melhor maneira de garantir o sucesso no futuro.

No entanto, não se esqueça de que é arriscado correr riscos. Aprendi essa lição a duras penas. Nos idos de 1984, queria criar um pequeno robô que seria uma combinação de um amigo, um servo e um animal de estimação — uma criatura mecânica capaz de bater um papo agradável, ir pegar o jornal e ajudar o dono em tarefas do dia a dia. Quem não gostaria de ter um gentil amigo de metal para tornar a vida um pouco mais organizada e um pouco menos solitária?

Convencido de que era uma ideia brilhante, investi todo o dinheiro que consegui encontrar: 14 milhões de dólares. Mas o robô não deu muito certo. Tudo parecia funcionar, exceto um pequeno detalhe. Enquanto o robozinho andava pela casa, acumulava eletricidade estática e seu computador entrava em pane. Se o seu PC der pau, o monitor exibirá a famosa tela azul de morte, e você pode ficar louco de raiva. Esse é o máximo que pode acontecer. Mas, se um robô de 20 quilos der pau, ele pode cair escada abaixo e matar alguém. Uma tela azul de morte é preferível a uma morte de verdade. Apelidamos esse problema de "modo de esmagamento de bebês". Definitivamente não seria um bom gancho de marketing.

Por mais que tentássemos, não conseguíamos encontrar um jeito de isolar o computador do robô da eletricidade estática. A empresa acabou indo para o buraco e, embora tenha conseguido vender algumas das tecnologias que criamos para a Kodak, foi praticamente uma perda total.

Aquela foi a primeira vez que me senti intimidado com problemas técnicos. Até então, sempre me voltei mais a questões de precificação e marketing e nunca tinha me ocorrido que não seria capaz de resolver um problema técnico. Eu era "tecnicamente" muito arrogante. Não mais.

E, o mais importante, aprendi a não arriscar tudo numa aposta só. Depois daquela experiência, declarei que uma empresa minha jamais arriscaria mais que 10% do orçamento de engenharia em projetos esquisitos ou diferentes. É importante correr riscos, mas é preciso ser sensato na alocação de recursos a esses riscos.

E é preciso ser específico. A maioria das pessoas fala sobre o risco nos seguintes termos:

"Quanto poderíamos perder no projeto?" "Muito."

"Quanto mais podemos *nos dar ao luxo* de perder?" "Muito."

"Quanto esse risco poderia nos custar no longo prazo?" "Poderia custar muito."

Esses diálogos não são exatamente esclarecedores. Seria mais interessante ter um diálogo como este:

"Se esse projeto morrer na praia, quanto poderíamos perder?" "Vinte mil dólares."

É muito mais fácil enfrentar seus temores em relação ao risco quando eles são bem-quantificados. Concretize os riscos. Assim você pode saber que um fracasso não vai destruir todo o resto. Quanto mais claros forem os riscos e quanto mais você conseguir quantificá-los em termos de possíveis ganhos ou perdas monetárias, mais chances terá de tomar uma boa decisão. Uma conversa abstrata intensifica o medo do risco. Uma conversa concreta minimiza esse temor.

Enfrente seu medo munido de dados.

I N T R O D U Ç Ã O
TRANSFORME O ESCRITÓRIO EM UM ANÚNCIO DA EMPRESA
ADOTE PONGS FLEXÍVEIS SEJA CRIATIVO EM SEUS ANÚNCIOS
PROCURE PAIXÃO E INTENSIDADE IGNORE AS CREDENCIAIS
INVESTIGUE OS HOBBIES PEÇA INDICAÇÕES A SEUS
COLABORADORES EVITE CONTRATAR CLONES CONTRATE
OS ANTIPÁTICOS CONTRATE OS LOUCOS ENCONTRE
VÍTIMAS DE BULLYING PROCURE OS "OLHEIROS" PERGUNTE
SOBRE LIVROS LEVE OS CANDIDATOS PARA VELEJAR
CONTRATE DEBAIXO DO SEU NARIZ VASCULHE O TWITTER
VISITE COMUNIDADES CRIATIVAS TOME CUIDADO COM OS
IMPOSTORES FAÇA PERGUNTAS INUSITADAS APROFUNDE
SUAS ENTREVISTAS CELEBRE INSTITUA ALGUM GRAU
DE ANARQUIA RECEBA AS PEGADINHAS DE BRAÇOS
ABERTOS CRIE UM REFÚGIO PARA SEUS TALENTOS CRIATIVOS
CRIE UM AMBIENTE JUSTO REFUGIE-SE NO ISOLAMENTO
DEFENDA AS MÁS IDEIAS CELEBRE OS FRACASSOS EXIJA
O RISCO **RECOMPENSE AS PISADAS DE BOLA** PROMOVA O
MENTORING TRATE OS COLABORADORES COMO ADULTOS
MONTE UMA CADEIA CRIATIVA MONTE UM ESPAÇO CRIATIVO
INSTITUA UM DIA DE DEMONSTRAÇÃO INCENTIVE O TDAH
MOSTRE UM POUCO DO QUE ESTÁ POR VIR APRENDA A
FALAR A LÍNGUA DA CRIATIVIDADE BRINCAR TAMBÉM
TEM SEU VALOR NEUTRALIZE A TURMA DO CONTRA
DOCUMENTE AS OBJEÇÕES POR ESCRITO LEVE SEU PESSOAL
CRIATIVO A LUGARES CRIATIVOS OS RICOS TAMBÉM
SÃO GENTE MUDE TODO DIA, TODA HORA LANCE OS
DADOS FUJA DOS PROCESSOS PERAMBULE PELA
WIKIPÉDIA NÃO CONTE COM A CONTABILIDADE INVENTE
FERIADOS INESPERADOS MISTURE TUDO TIRE UM COCHILO
C O N C L U S Ã O

30

Se sua empresa não errar de vez em quando, vocês não estão desafiando seus limites. Sempre achei que as ideias realmente ruins, aquelas tão horríveis que chegam a ser fascinantes, merecem algum tipo de reconhecimento. Por que não celebrar as pisadas de bola para torná-las menos aterrorizantes?

Pensando assim, na Chuck E. Cheese's instituímos o que chamamos de Prêmio Pisada de Bola. Três vezes por ano, convidávamos os gerentes regionais de todo o país para jantares nos quais falávamos sobre os sucessos dos quatro meses anteriores e sobre nossos planos para os próximos quatro meses. Na cerimônia de premiação que se seguia ao jantar, agraciávamos os gerentes com os prêmios de sempre: o melhor colaborador, o melhor gerente, os melhores resultados e assim por diante. Até que finalmente chegava o prêmio que todo mundo estava esperando: o Prêmio Pisada de Bola, concedido à maior pisada de bola dos últimos quatro meses. O troféu em si foi algo que encontrei em um bazar mexicano, uma horrenda estátua de lata no formato de um peru.

A ideia era que, ao reconhecer e fazer piada do fracasso mais notável, poderíamos aliviar um pouco a dor. Então, nomeávamos o vencedor na hora, pedindo que os participantes aplaudissem os piores fracassos e usando o meu braço como um audiômetro.

O vencedor precisava manter o horrível peru de lata em sua mesa durante os próximos quatro meses.

Por exemplo, o troféu foi agraciado a nosso gerente de operações pela proposta de convencer os clientes dos restaurantes a limparem a própria mesa. Ele pensou que, se a tarefa de limpar as mesas fosse tão divertida a ponto de induzir os clientes a realizá-la por conta própria, poderíamos poupar muito dinheiro com mão de obra.

A ideia era criar uma lata de lixo com uma fenda gigante que, quando o cliente inserisse uma caixa de pizza, receberia uma ficha que poderia usar nos jogos. Ao lado da fenda ficaria um personagem de fibra de vidro chamado Mr. Munch (que adorava pizza) com a boca aberta e uma poderosa ventoinha de sucção que sugaria os guardanapos das mãos dos clientes. Ao deglutir um guardanapo, o Mr. Much arrotaria e diria: "Valeu!". Os clientes adoraram a ideia.

O problema foi justamente este: excesso de empolgação. Quando implementamos a ideia, as crianças começaram a correr pelo restaurante em busca de caixas de pizza deixadas sem supervisão. Muitos clientes deixavam a pizza na mesa e, quando voltavam do salão de entretenimento encontravam a pizza em cima da mesa, sem a caixa, que tinha sido furtada pelas crianças ansiosas por ganhar uma ficha do Mr. Munch.

Foi a melhor pisada de bola da nossa história.

INTRODUÇÃO TRANSFORME O ESCRITÓRIO EM UM ANÚNCIO DA EMPRESA ADOTE PONGS FLEXÍVEIS SEJA CRIATIVO EM SEUS ANÚNCIOS PROCURE PAIXÃO E INTENSIDADE IGNORE AS CREDENCIAIS INVESTIGUE OS HOBBIES PEÇA INDICAÇÕES A SEUS COLABORADORES EVITE CONTRATAR CLONES CONTRATE OS ANTIPÁTICOS CONTRATE OS LOUCOS ENCONTRE VÍTIMAS DE BULLYING PROCURE OS "OLHEIROS" PERGUNTE SOBRE LIVROS LEVE OS CANDIDATOS PARA VELEJAR CONTRATE DEBAIXO DO SEU NARIZ VASCULHE O TWITTER VISITE COMUNIDADES CRIATIVAS TOME CUIDADO COM OS IMPOSTORES FAÇA PERGUNTAS INUSITADAS APROFUNDE SUAS ENTREVISTAS CELEBRE INSTITUA ALGUM GRAU DE ANARQUIA RECEBA AS PEGADINHAS DE BRAÇOS ABERTOS CRIE UM REFÚGIO PARA SEUS TALENTOS CRIATIVOS CRIE UM AMBIENTE JUSTO REFUGIE-SE NO ISOLAMENTO DEFENDA AS MÁS IDEIAS CELEBRE OS FRACASSOS EXIJA O RISCO RECOMPENSE AS PISADAS DE BOLA **PROMOVA O MENTORING** TRATE OS COLABORADORES COMO ADULTOS MONTE UMA CADEIA CRIATIVA MONTE UM ESPAÇO CRIATIVO INSTITUA UM DIA DE DEMONSTRAÇÃO INCENTIVE O TDAH MOSTRE UM POUCO DO QUE ESTÁ POR VIR APRENDA A FALAR A LÍNGUA DA CRIATIVIDADE BRINCAR TAMBÉM TEM SEU VALOR NEUTRALIZE A TURMA DO CONTRA DOCUMENTE AS OBJEÇÕES POR ESCRITO LEVE SEU PESSOAL CRIATIVO A LUGARES CRIATIVOS OS RICOS TAMBÉM SÃO GENTE MUDE TODO DIA, TODA HORA LANCE OS DADOS FUJA DOS PROCESSOS PERAMBULE PELA WIKIPÉDIA NÃO CONTE COM A CONTABILIDADE INVENTE FERIADOS INESPERADOS MISTURE TUDO TIRE UM COCHILO CONCLUSÃO

31

O *mentoring* tem um enorme valor, e o fato de ser um termo batido não significa que o conceito tenha perdido sua utilidade. Tradicionalmente os mentores ajudam os colaboradores mais jovens ou novos na empresa, mas, em geral, são as pessoas criativas que mais precisam dos mentores.

Por definição, os talentos criativos estão sempre trabalhando em algo diferente, inovador. Isso significa que a maioria das pessoas que os cercam será incapaz de entender o que fazem, por que o fazem ou aonde pretendem chegar com isso. As pessoas podem nem ter ideia do que "isso" significa.

Essa situação coloca o pessoal criativo em um confronto quase constante com o resto da empresa. Lá estão eles, tentando explicar seus novos projetos ao gestor e, quando ele diz "não entendi nada", isso é visto como uma rejeição, pura e simples. E dói. Ser criativo envolve enfrentar uma constante sucessão de rejeições.

Esse tipo de projeto até pode ser incompreensível, mas tem o poder de impulsionar sua empresa. Muitas vezes, contudo, o talento criativo responsável por eles é censurado, refreado e cerceado, e projetos que, se devidamente desenvolvidos e supervisionados, poderiam render uma fortuna à sua empresa nem chegam a ter a chance de começar.

Todas as empresas devem garantir que alguém esteja apoiando os talentos criativos: alguém tranquilizador, objetivo e capaz de ajudá-los a manter o rumo certo. Este é o papel do mentor: impedir que o pessoal criativo se sinta rejeitado e solitário a ponto de prejudicar o trabalho. Oferece-se para combater a burocracia, mesmo quando não entende o produto. Afinal, nem sempre precisa entender exatamente o que os seus protegidos estão fazendo, mas deve estar disposto a lutar pelo direito de fazê-lo. Se o mentor for bom, a empresa lucrará muito. Se não, seus concorrentes abocanharão sua fatia do mercado.

Observação: Também é importante possibilitar o *mentoring* fora do ambiente de trabalho. A maioria das empresas não sabe como orientar os próprios talentos criativos e, se isso se aplicar à sua organização, tente encontrar maneiras de conectar seu pessoal criativo com possíveis mentores fora da empresa.

Steve Jobs não ia à minha casa em busca de ideias. Queria alguém para conversar sobre suas próprias ideias e tomar um pouco de coragem quando recebia meu apoio, por estranho que possa parecer. Muitas vezes eu não entendia completamente as ideias dele, mas o reconfortava, dizendo que parecia ter uma visão clara e que, se ele pudesse vislumbrar um resultado positivo, deveria seguir essa linha de ação mesmo se ninguém ao seu redor entendesse suas metas.

Um dia, Steve foi à minha casa para falar sobre o ambiente operacional Unix. Aquilo foi depois que saiu da Apple para fundar a NeXT. O Unix era um sistema dispendioso e pesado para um minicomputador, e Steve precisava tomar a difícil decisão de usá-lo ou não. Ele não sabia ao certo o que fazer.

Eu o encorajei a seguir seu instinto. O Unix claramente oferecia a melhor arquitetura na época, mas tinha seus problemas — consumia muita memória e processamento, tornando as máquinas lentas, além de ter um moroso drive óptico.

No entanto, vinha sendo utilizado em workstations científicos, e Steve queria que o NeXT fosse algo entre um workstation e um computador pessoal.

Mesmo assim, o Unix era excelente em muitos aspectos e tinha uma excepcional arquitetura multitarefa — com ele, era possível executar diferentes aplicativos ao mesmo tempo, o que na época era inédito em um computador pessoal. Com o Unix, se um aplicativo travasse, isso não obstruía o sistema todo.

Passamos horas conversando sobre o Unix, analisando suas vantagens e desvantagens. Meu papel não era dizer a Steve o que fazer, mas o encorajar a argumentar em defesa dos dois lados da questão e, em seguida, lhe assegurar de que eu estava completa e absolutamente certo de que ele tomaria a melhor decisão.

Steve acabou decidindo usar o Unix e, embora a solução não fosse perfeita, aquela foi a decisão certa na hora certa. Em 1996, a Apple comprou a NeXT por 429 milhões de dólares, e o próximo sistema operacional da empresa foi baseado no Unix.

Também contei com muitos excelentes mentores. Um dos melhores foi Bob Noyce. Apelidado de O Prefeito do Vale do Silício, ele cofundou a Fairchild Semiconductor e a Intel Corporation e é reconhecido por ajudar a inventar o microchip. Conheci Bob em um jantar da American Electronics Association e, quando descobrimos que nós dois gostávamos de jogar xadrez, começamos a nos encontrar regularmente para jogar.

Bob me ajudou muito, especialmente dando conselhos de negócios. Naquela época, era raro ver um jovem de apenas 20 anos comandando uma grande empresa — o que pode ser difícil de acreditar, considerando todos os famosos jovens executivos dos dias de hoje. Era assustador para mim. Ninguém sabia como, no fundo, eu vivia aterrorizado. Eu lidava com meu medo fingindo que sabia tudo, o que me levou a muitos erros crassos. Levei anos para descobrir que era aceitável não saber todas as respostas e pedir ajuda.

Bob me ajudou a aprender isso. Ele me deu a confiança necessária para acreditar em mim mesmo, porque acreditava em mim. Sempre fazia que eu me sentisse um pouco como um adolescente, porque era extremamente sensato e me agraciava com pérolas de sabedoria que mudaram minha vida, tanto pessoal quanto profissional. Costumava fazer comentários profundos em resposta a uma pergunta simples ou às vezes suas pérolas vinham na forma de um gracejo durante uma conversa. Veja dois exemplos.

"Se o negócio do vizinho parece fácil é porque você não sabe o suficiente a respeito." Sempre penso nessa ideia quando acho que encontrei uma oportunidade que acredito estar sendo negligenciada por alguma outra empresa. Ao me aprofundar na análise, quase sempre descubro obstáculos que passaram despercebidos na minha primeira análise superficial.

"É difícil encontrar exemplos de produtos ou projetos fracassados. É fácil ver os sucessos." Em outras palavras, os produtos fracassados costumam ficar ocultos porque não levaram a lugar algum, porque jamais chegaram a ser anunciados ou simplesmente porque não foram notados pelo mercado. No final dos anos 1980, eu tinha uma empresa de brinquedos na qual costumávamos construir inúmeros protótipos e apresentá-los aos compradores da varejista de brinquedos Toys "R" Us para coletar suas opiniões e sugestões. Acabamos fazendo amizade com esse pessoal e, apesar de se entusiasmarem com muitos dos nossos produtos, também diziam, com frequência cada vez maior: "Ah, de novo essa ideia...". Então falavam de uma empresa que tentou vender a mesma ideia, que acabou sendo um fiasco no mercado. Quando conversávamos sobre o que tinha acontecido, as razões para o fracasso ficavam claras. E eu sempre saía com vergonha de não ter visto aquilo antes.

INTRODUÇÃO TRANSFORME O ESCRITÓRIO EM UM ANÚNCIO DA EMPRESA ADOTE PONGS FLEXÍVEIS SEJA CRIATIVO EM SEUS ANÚNCIOS PROCURE PAIXÃO E INTENSIDADE IGNORE AS CREDENCIAIS INVESTIGUE OS HOBBIES PEÇA INDICAÇÕES A SEUS COLABORADORES EVITE CONTRATAR CLONES CONTRATE OS ANTIPÁTICOS CONTRATE OS LOUCOS ENCONTRE VÍTIMAS DE BULLYING PROCURE OS "OLHEIROS" PERGUNTE SOBRE LIVROS LEVE OS CANDIDATOS PARA VELEJAR CONTRATE DEBAIXO DO SEU NARIZ VASCULHE O TWITTER VISITE COMUNIDADES CRIATIVAS TOME CUIDADO COM OS IMPOSTORES FAÇA PERGUNTAS INUSITADAS APROFUNDE SUAS ENTREVISTAS CELEBRE INSTITUA ALGUM GRAU DE ANARQUIA RECEBA AS PEGADINHAS DE BRAÇOS ABERTOS CRIE UM REFÚGIO PARA SEUS TALENTOS CRIATIVOS CRIE UM AMBIENTE JUSTO REFUGIE-SE NO ISOLAMENTO DEFENDA AS MÁS IDEIAS CELEBRE OS FRACASSOS EXIJA O RISCO RECOMPENSE AS PISADAS DE BOLA PROMOVA O MENTORING **TRATE OS COLABORADORES COMO ADULTOS** MONTE UMA CADEIA CRIATIVA MONTE UM ESPAÇO CRIATIVO INSTITUA UM DIA DE DEMONSTRAÇÃO INCENTIVE O TDAH MOSTRE UM POUCO DO QUE ESTÁ POR VIR APRENDA A FALAR A LÍNGUA DA CRIATIVIDADE BRINCAR TAMBÉM TEM SEU VALOR NEUTRALIZE A TURMA DO CONTRA DOCUMENTE AS OBJEÇÕES POR ESCRITO LEVE SEU PESSOAL CRIATIVO A LUGARES CRIATIVOS OS RICOS TAMBÉM SÃO GENTE MUDE TODO DIA, TODA HORA LANCE OS DADOS FUJA DOS PROCESSOS PERAMBULE PELA WIKIPÉDIA NÃO CONTE COM A CONTABILIDADE INVENTE FERIADOS INESPERADOS MISTURE TUDO TIRE UM COCHILO CONCLUSÃO

32

Muitas culturas corporativas se desenvolvem em torno do conceito de que o pessoal criativo não é muito confiável e requer constante supervisão. Isso é o que chamo de abordagem de gestão do jardim de infância. É tão eficaz quanto ter um monte de crianças administrando o lado criativo da sua empresa.

O problema é que, na maioria das vezes, as crianças na verdade são os supervisores, e não o pessoal criativo. Na maior parte das empresas, as pessoas criativas dão duro para inovar, mas, em vez de receber o incentivo adequado, são menosprezadas por mentes imaturas. É por isso que tanta gente se identifica com a tirinha *Dilbert* — a maioria de nós (ou talvez todos nós) tem ou já teve um gestor cujo nível de inteligência está longe de ser excepcional.

Isso costuma acontecer porque uma pessoa que faz seu trabalho minimamente bem acaba sendo promovida a uma posição para a qual não está plenamente qualificada, um fenômeno também conhecido como o Princípio de Peter: os colaboradores tendem a subir na hierarquia em proporção direta a seu nível de incompetência.

É por isso que os tomadores de decisão tendem a ser as pessoas que menos entendem as ramificações dessas decisões. Não foram eles que compareceram às últimas feiras comerciais; não são eles que estão sempre vasculhando a internet em busca de novas ideias; não são eles que estão antenados nos últimos desenvolvimentos. A promoção à gerência os distanciou da realidade do mercado. Em consequência, não entendem o que o pessoal criativo está fazendo e tendem a forçar a mão na supervisão, tentando controlá-los em vez de encorajar sua criatividade.

A maior parte dos gestores age como se os colaboradores criativos fossem crianças, impedindo-os de colocar em prática suas ideias interessantes, arriscadas e potencialmente valiosas.

Em vez disso, a gestão deveria se ocupar de tratar o pessoal criativo como adultos e ajudá-los a colocar em prática suas ideias interessantes, arriscadas e potencialmente valiosas.

Observação: A administração tem outra tarefa crucial. O pessoal criativo não costuma saber se comunicar bem. Steve Wozniak, por exemplo, deve ter sido o pior comunicador que já conheci. Mal conseguia balbuciar as palavras e, sempre que conversávamos, falava para os próprios pés em vez de falar comigo. Era um hipercriativo, mas, sem Steve Jobs, teria passado despercebido. (Desde então, Woz desenvolveu muito suas habilidades de comunicação.)

As habilidades das pessoas altamente criativas não fazem delas pessoas necessariamente articuladas ou até mesmo loquazes. Desse modo, a outra tarefa crucial de um gestor é se comunicar por eles, reconhecendo as vantagens do projeto deles e atuando como seu representante interno de relações públicas. Um grande gestor é um animador de torcida... para adultos, não crianças.

INTRODUÇÃO
TRANSFORME O ESCRITÓRIO EM UM ANÚNCIO DA EMPRESA
ADOTE PONGS FLEXÍVEIS SEJA CRIATIVO EM SEUS ANÚNCIOS
PROCURE PAIXÃO E INTENSIDADE IGNORE AS CREDENCIAIS
INVESTIGUE OS HOBBIES PEÇA INDICAÇÕES A SEUS
COLABORADORES EVITE CONTRATAR CLONES CONTRATE
OS ANTIPÁTICOS CONTRATE OS LOUCOS ENCONTRE
VÍTIMAS DE BULLYING PROCURE OS "OLHEIROS" PERGUNTE
SOBRE LIVROS LEVE OS CANDIDATOS PARA VELEJAR
CONTRATE DEBAIXO DO SEU NARIZ VASCULHE O TWITTER
VISITE COMUNIDADES CRIATIVAS TOME CUIDADO COM OS
IMPOSTORES FAÇA PERGUNTAS INUSITADAS APROFUNDE
SUAS ENTREVISTAS CELEBRE INSTITUA ALGUM GRAU
DE ANARQUIA RECEBA AS PEGADINHAS DE BRAÇOS
ABERTOS CRIE UM REFÚGIO PARA SEUS TALENTOS CRIATIVOS
CRIE UM AMBIENTE JUSTO REFUGIE-SE NO ISOLAMENTO
DEFENDA AS MÁS IDEIAS CELEBRE OS FRACASSOS EXIJA
O RISCO RECOMPENSE AS PISADAS DE BOLA PROMOVA O
MENTORING TRATE OS COLABORADORES COMO ADULTOS
MONTE UMA CADEIA CRIATIVA MONTE UM ESPAÇO CRIATIVO
INSTITUA UM DIA DE DEMONSTRAÇÃO INCENTIVE O TDAH
MOSTRE UM POUCO DO QUE ESTÁ POR VIR APRENDA A
FALAR A LÍNGUA DA CRIATIVIDADE BRINCAR TAMBÉM
TEM SEU VALOR NEUTRALIZE A TURMA DO CONTRA
DOCUMENTE AS OBJEÇÕES POR ESCRITO LEVE SEU PESSOAL
CRIATIVO A LUGARES CRIATIVOS OS RICOS TAMBÉM
SÃO GENTE MUDE TODO DIA, TODA HORA LANCE OS
DADOS FUJA DOS PROCESSOS PERAMBULE PELA
WIKIPÉDIA NÃO CONTE COM A CONTABILIDADE INVENTE
FERIADOS INESPERADOS MISTURE TUDO TIRE UM COCHILO
CONCLUSÃO

33

Se você perguntar a um grupo de pessoas se elas são criativos, quase todas dirão que sim. Se der uma palestra e perguntar à plateia quem acredita na inovação, todos levantarão a mão. Mas, quando chega a hora de apresentar aos gestores sua ideia inovadora e criativa, é provável que ninguém lhe dê muita bola. A inovação criativa é simplesmente radical demais, assustadora demais e, infelizmente, inacreditável demais para a maioria das pessoas. Pode ser espetacular na teoria, mas não é tão espetacular na prática.

Muita gente, inclusive os executivos de muitas empresas, acredita que acolhe a inovação, mas, quando se trata das especificidades, eles se transformam em opositores ferrenhos. Um Steve Jobs faz o contrário. O próprio Steve não era particularmente criativo, mas era extraordinariamente aberto à criatividade, sempre disposto a encarar os riscos. Recebia a inovação de braços abertos e a colocava no centro do palco.

Dizem que a criatividade é a arte de ocultar suas fontes. Você vê algo e diz: "Puxa, que interessante! Se fizéssemos isso, ou aquilo, a ideia seria um sucesso". Então, caso você ajude a concretizar a ideia, e ela de fato se torne um sucesso, você poderá ganhar alguns pontos com isso. A ideia não foi sua, mas você enxergou seu potencial.

A verdade é que as ideias, os produtos ou os serviços criativos não são gerados por um súbito lampejo de criatividade. Eles evoluem em um processo gradativo, passo a passo, de análise e soluções. Para possibilitar essa progressão, é preciso implementar uma cadeia de comando (de preferência a cadeia mais curta possível), que faz o possível para promover uma boa ideia e ajudá-la a ser concretizada, em vez de sufocá-la. Se o seu sistema de gestão for composto de muitas etapas, se cada etapa demandar de aprovação e se a aprovação precisar vir de um gestor cético, a criatividade definhará.

Para cultivar a criatividade, analise se e como as ideias criativas borbulham em direção ao topo de sua empresa. O sistema inclui uma cadeia de comando que as cultiva e promove? Ou a cadeia de comando as puxa para baixo, para que jamais possam ver a luz do dia?

As empresas precisam se perguntar: será que realmente queremos ter pessoas criativas? Algumas empresas contratam um consultor após o outro para falar sobre a criatividade, mas tudo o que estão fazendo é incluir mais camadas a uma cadeia de comando que bloqueia a criatividade, em vez de estimulá-la. A ideia é criar um processo de gestão que, a cada passo do caminho, melhore e execute as ideias criativas. Se a sua empresa não estiver fazendo isso, ela não tem como durar muito.

INTRODUÇÃO
TRANSFORME O ESCRITÓRIO EM UM ANÚNCIO DA EMPRESA
ADOTE PONGS FLEXÍVEIS SEJA CRIATIVO EM SEUS ANÚNCIOS
PROCURE PAIXÃO E INTENSIDADE IGNORE AS CREDENCIAIS
INVESTIGUE OS HOBBIES PEÇA INDICAÇÕES A SEUS
COLABORADORES EVITE CONTRATAR CLONES CONTRATE
OS ANTIPÁTICOS CONTRATE OS LOUCOS ENCONTRE
VÍTIMAS DE BULLYING PROCURE OS "OLHEIROS" PERGUNTE
SOBRE LIVROS LEVE OS CANDIDATOS PARA VELEJAR
CONTRATE DEBAIXO DO SEU NARIZ VASCULHE O TWITTER
VISITE COMUNIDADES CRIATIVAS TOME CUIDADO COM OS
IMPOSTORES FAÇA PERGUNTAS INUSITADAS APROFUNDE
SUAS ENTREVISTAS CELEBRE INSTITUA ALGUM GRAU
DE ANARQUIA RECEBA AS PEGADINHAS DE BRAÇOS
ABERTOS CRIE UM REFÚGIO PARA SEUS TALENTOS CRIATIVOS
CRIE UM AMBIENTE JUSTO REFUGIE-SE NO ISOLAMENTO
DEFENDA AS MÁS IDEIAS CELEBRE OS FRACASSOS EXIJA
O RISCO RECOMPENSE AS PISADAS DE BOLA PROMOVA O
MENTORING TRATE OS COLABORADORES COMO ADULTOS
MONTE UMA CADEIA CRIATIVA **MONTE UM ESPAÇO CRIATIVO**
INSTITUA UM DIA DE DEMONSTRAÇÃO INCENTIVE O TDAH
MOSTRE UM POUCO DO QUE ESTÁ POR VIR APRENDA A
FALAR A LÍNGUA DA CRIATIVIDADE BRINCAR TAMBÉM
TEM SEU VALOR NEUTRALIZE A TURMA DO CONTRA
DOCUMENTE AS OBJEÇÕES POR ESCRITO LEVE SEU PESSOAL
CRIATIVO A LUGARES CRIATIVOS OS RICOS TAMBÉM
SÃO GENTE MUDE TODO DIA, TODA HORA LANCE OS
DADOS FUJA DOS PROCESSOS PERAMBULE PELA
WIKIPÉDIA NÃO CONTE COM A CONTABILIDADE INVENTE
FERIADOS INESPERADOS MISTURE TUDO TIRE UM COCHILO
CONCLUSÃO

34

Quando estávamos em busca de um escritório para abrir a empresa de entretenimento digital uWink (minha 18ª *startup*), acabamos encontrando um prédio perfeito em Los Angeles: era espaçoso, ficava numa localização fantástica, e o aluguel era extremamente baixo. O único problema do edifício era o próprio edifício. Estava aos pedaços, com muitos andares divididos em salinhas escuras com o teto manchado e quebrado e pequenas luminárias cansadas dependuradas como animais doentes. Os carpetes rotos estavam imundos — pelo menos o que tinha sobrado deles — e as paredes estavam em condições ainda piores. Parecia que o prédio tinha sido usado para fazer *raves* e ninguém se preocupou em passar uma vassoura depois.

Queríamos um lugar minimamente habitável, mas sem gastar muito dinheiro para isso. Então decidimos pintar todas as paredes com tinta de quadro-negro e instalar painéis de madeira compensada para dar uma quebrada em todo aquele preto. A cada 3 metros, instalamos caixas cheias de giz e suportes para apagadores.

O lugar acabou se transformando em um paraíso criativo. As pessoas escreviam o nome ao lado da porta de sua sala e inventavam cargos cômicos. Não tínhamos muitos cargos, e os poucos que tínhamos logo se transformaram em títulos que variavam do fantástico ao bizarro. Por exemplo, um colaborador escreveu seu nome na parede, encimado de uma coroa, e atribuiu a si mesmo o título de Senhor do Reino Místico.

Descobrimos que o giz tem muitos benefícios, mas uma de suas maiores vantagens é a impermanência, o que incentiva as pessoas a serem altamente criativas ao escrever nas paredes, considerando que isso não implicaria em qualquer risco no futuro. Eu poderia ter dito ao nosso pessoal para pintar nas paredes o que quisessem com tinta, mas a tinta é permanente, o que representaria um risco maior — sua criação ficaria lá para sempre — e muito pouco teria acontecido.

As pessoas me perguntavam se aquela era a empresa mais criativa que já tive. Eu respondia: "Não, já tive muitas pessoas criativas antes, elas só não tinham autorização de escrever nas paredes".

Muitas jovens empresas estão fazendo experiências com espaços incomuns. Por exemplo, o escritório da empresa de arquitetura espanhola Selgas Cano, localizada em uma floresta na região de Madri, parece um enorme vagão de metrô. Construído metade no térreo e metade no subsolo, o escritório oferece uma vista para a floresta através de uma lateral inteira feita de acrílico transparente.

Também temos o exemplo da Comvert, fabricante de roupas voltadas para skatistas, cuja sede fica em um antigo cinema. Para se beneficiar de todo o espaço vertical que o cinema oferecia, a empresa construiu uma pista de skate suspensa acima de seu depósito. E, na chamada Rotatória de Silício, no bairro londrino de East End, a empresa de mídia social Grape Digital adaptou o Marie Lloyd Pub (antigo bar batizado em homenagem à cantora vitoriana de casas de espetáculos) para servir de escritório. Esse ambiente não só aumentou a produtividade, como a empresa também descobriu que poucos clientes potenciais se recusariam a fazer reuniões em um pub.

MONTE UM ESPAÇO CRIATIVO

Escrevendo na parede

Ao longo de anos de experiência, descobri que permitir que as pessoas escrevam nas paredes — usando qualquer material, como giz, lápis, canetas hidrográficas, giz de cera etc. — promove a criatividade. A maioria dos sujeitos criativos pensa em termos de grandes pinceladas. Desse modo, costumam sentir-se cerceados pelo pouco espaço disponível de uma folha de papel ou monitor de computador. Além disso, rabiscar enquanto conversa ajuda a comunicar ideias complexas.

Adotei a prática de instalar enormes quadros brancos ou negros por toda a parte nas minhas empresas. Em uma delas, pintamos todas as paredes com tinta de lousa, algumas verdes e outras pretas. Todo mundo sentia o clima de criatividade do prédio, tanto colaboradores quanto visitantes.

I N T R O D U Ç Ã O
TRANSFORME O ESCRITÓRIO EM UM ANÚNCIO DA EMPRESA
ADOTE PONGS FLEXÍVEIS SEJA CRIATIVO EM SEUS ANÚNCIOS
PROCURE PAIXÃO E INTENSIDADE IGNORE AS CREDENCIAIS
INVESTIGUE OS HOBBIES PEÇA INDICAÇÕES A SEUS
COLABORADORES EVITE CONTRATAR CLONES CONTRATE
OS ANTIPÁTICOS CONTRATE OS LOUCOS ENCONTRE
VÍTIMAS DE BULLYING PROCURE OS "OLHEIROS" PERGUNTE
SOBRE LIVROS LEVE OS CANDIDATOS PARA VELEJAR
CONTRATE DEBAIXO DO SEU NARIZ VASCULHE O TWITTER
VISITE COMUNIDADES CRIATIVAS TOME CUIDADO COM OS
IMPOSTORES FAÇA PERGUNTAS INUSITADAS APROFUNDE
SUAS ENTREVISTAS CELEBRE INSTITUA ALGUM GRAU
DE ANARQUIA RECEBA AS PEGADINHAS DE BRAÇOS
ABERTOS CRIE UM REFÚGIO PARA SEUS TALENTOS CRIATIVOS
CRIE UM AMBIENTE JUSTO REFUGIE-SE NO ISOLAMENTO
DEFENDA AS MÁS IDEIAS CELEBRE OS FRACASSOS EXIJA
O RISCO RECOMPENSE AS PISADAS DE BOLA PROMOVA O
MENTORING TRATE OS COLABORADORES COMO ADULTOS
MONTE UMA CADEIA CRIATIVA MONTE UM ESPAÇO CRIATIVO
INSTITUA UM DIA DE DEMONSTRAÇÃO INCENTIVE O TDAH
MOSTRE UM POUCO DO QUE ESTÁ POR VIR APRENDA A
FALAR A LÍNGUA DA CRIATIVIDADE BRINCAR TAMBÉM
TEM SEU VALOR NEUTRALIZE A TURMA DO CONTRA
DOCUMENTE AS OBJEÇÕES POR ESCRITO LEVE SEU PESSOAL
CRIATIVO A LUGARES CRIATIVOS OS RICOS TAMBÉM
SÃO GENTE MUDE TODO DIA, TODA HORA LANCE OS
DADOS FUJA DOS PROCESSOS PERAMBULE PELA
WIKIPÉDIA NÃO CONTE COM A CONTABILIDADE INVENTE
FERIADOS INESPERADOS MISTURE TUDO TIRE UM COCHILO
C O N C L U S Ã O

35

O pessoal criativo tem o hábito de se envolver tanto nas ideias a ponto de perder a noção da realidade e não conseguir concluir os projetos no prazo.

Uma possível solução para esse problema é instituir um dia de demonstração.

O dia de demonstração é um truque que Steve Jobs e eu costumávamos usar com frequência. A tradição começou na Atari e acabou sendo incorporada à cultura do Vale do Silício.

No mundo da tecnologia, e provavelmente em muitos outros contextos, 90% do progresso ocorre uma semana antes de alguma feira comercial importante (ou, em empresas de outros setores, uma semana antes do prazo final). Você pode passar o tempo todo procrastinando, até finalmente decidir correr para cumprir o prazo. Contudo, muitas vezes você não é rápido o suficiente e acaba perdendo o prazo.

Diante disso, criamos na Atari prazos intermediários que batizamos de dias de demonstração. O pessoal precisava trabalhar no produto a ponto de todos poderem vê-lo, pensar sobre ele e criticá-lo. Muitas vezes, só para acrescentar uma pitada de verossimilhança, inventávamos razões para os prazos imaginários, que em geral eram estabelecidos para dali a duas semanas: um distribuidor da China chegaria para uma visita, um capitalista de risco queria ver o nosso trabalho, um jornalista estava escrevendo um artigo.

Na Apple, Steve Jobs levou o conceito a um nível ainda mais grandioso. Ele encomendava vários designs para o mesmo produto, marcava um único dia de demonstração para todos juntos, escolhia os recursos dos quais gostava e avançava com o projeto até sua verdadeira data de conclusão.

Não importa qual seja a natureza do projeto que você está iniciando — uma campanha de marketing, um site ou um filme —, no começo, o seu conhecimento da tarefa sempre será incompleto. É só avançando pelo projeto que você poderá conhecer os detalhes.

No desenvolvimento de softwares, por exemplo, cada projeto é escrito duas vezes. Quando fui um programador, avançava até 90% dos programas até que finalmente chegava ao meu momento *heureca*, largava tudo o que já tinha feito e começava de novo, desta vez com minha nova visão. Um amigo romancista descobriu que precisa jogar fora mais da metade do que havia escrito antes de terminar um livro, porque leva um bom tempo para ter uma ideia concreta do que está escrevendo.

Em outras palavras, institua um prazo intermediário para ajudar seus talentos criativos a cumprir o prazo final.

INTRODUÇÃO
TRANSFORME O ESCRITÓRIO EM UM ANÚNCIO DA EMPRESA
ADOTE PONGS FLEXÍVEIS SEJA CRIATIVO EM SEUS ANÚNCIOS
PROCURE PAIXÃO E INTENSIDADE IGNORE AS CREDENCIAIS
INVESTIGUE OS HOBBIES PEÇA INDICAÇÕES A SEUS
COLABORADORES EVITE CONTRATAR CLONES CONTRATE
OS ANTIPÁTICOS CONTRATE OS LOUCOS ENCONTRE
VÍTIMAS DE BULLYING PROCURE OS "OLHEIROS" PERGUNTE
SOBRE LIVROS LEVE OS CANDIDATOS PARA VELEJAR
CONTRATE DEBAIXO DO SEU NARIZ VASCULHE O TWITTER
VISITE COMUNIDADES CRIATIVAS TOME CUIDADO COM OS
IMPOSTORES FAÇA PERGUNTAS INUSITADAS APROFUNDE
SUAS ENTREVISTAS CELEBRE INSTITUA ALGUM GRAU
DE ANARQUIA RECEBA AS PEGADINHAS DE BRAÇOS
ABERTOS CRIE UM REFÚGIO PARA SEUS TALENTOS CRIATIVOS
CRIE UM AMBIENTE JUSTO REFUGIE-SE NO ISOLAMENTO
DEFENDA AS MÁS IDEIAS CELEBRE OS FRACASSOS EXIJA
O RISCO RECOMPENSE AS PISADAS DE BOLA PROMOVA O
MENTORING TRATE OS COLABORADORES COMO ADULTOS
MONTE UMA CADEIA CRIATIVA MONTE UM ESPAÇO CRIATIVO
INSTITUA UM DIA DE DEMONSTRAÇÃO **INCENTIVE O TDAH**
MOSTRE UM POUCO DO QUE ESTÁ POR VIR APRENDA A
FALAR A LÍNGUA DA CRIATIVIDADE BRINCAR TAMBÉM
TEM SEU VALOR NEUTRALIZE A TURMA DO CONTRA
DOCUMENTE AS OBJEÇÕES POR ESCRITO LEVE SEU PESSOAL
CRIATIVO A LUGARES CRIATIVOS OS RICOS TAMBÉM
SÃO GENTE MUDE TODO DIA, TODA HORA LANCE OS
DADOS FUJA DOS PROCESSOS PERAMBULE PELA
WIKIPÉDIA NÃO CONTE COM A CONTABILIDADE INVENTE
FERIADOS INESPERADOS MISTURE TUDO TIRE UM COCHILO
CONCLUSÃO

36

A criatividade e o transtorno do déficit de atenção com hiperatividade (TDAH) andam lado a lado. Não é tão ruim quanto parece. O TDAH pode ter suas vantagens. Os cérebros criativos tendem a ser tão ativos que, se fosse literalmente possível abri-los e observar as ideias, veríamos centenas delas pulando para cima e para baixo, clamando por atenção, um bando de filhotes de passarinho exigindo uma minhoca. No entanto, se alguém de fato tentasse trabalhar em todas elas, o resultado seria incontáveis projetos morrendo de fome.

O caminho mais óbvio, que a maioria dos gestores tende a tomar para lidar com essa frenética atividade mental, é manter seu pessoal criativo focado em um único projeto, o que, para a maioria das pessoas, parece um plano sensato.

Não é. Restringir seus talentos criativos a um e apenas um projeto pode ser tão frustrante para eles que acaba bloqueando, em vez de ajudar, sua produtividade global. Descobri que, se você limitar seu pessoal criativo a trabalhar em apenas um projeto, eles costumam aliviar o tédio resultante navegando na internet, lendo uma revista, jogando conversa fora e fazendo qualquer outra coisa que possam imaginar para manter a cabeça ocupada, e acabam negligenciando o único projeto que você lhes atribuiu.

O melhor a fazer é atribuir a seus talentos criativos vários projetos ao mesmo tempo — algo que você não faria com outro colaborador qualquer. Ao atribuir múltiplas tarefas ao pessoal criativo, eles tendem a se sentir menos restritos e não raro concluem várias delas no mesmo tempo em que poderiam ter terminado apenas uma.

Essas pessoas têm uma enorme capacidade mental. Tire proveito disso. É o que querem de você. Mantenha-os produtivos, dando-lhes o que os outros considerariam uma carga de trabalho impossível. (Não se esqueça de que essa tática só funciona com tarefas sem prazo. Se estabelecer prazos rigorosos, você estará acrescentando um elemento de pânico, o que reduz a capacidade mental de seu pessoal criativo. Veja o pong 35.)

Um estudo interessante foi relatado no livro *Art & Fear*, de David Bayles e Ted Orland. Em uma aula de cerâmica, metade da turma foi informada de que deveria fazer um único vaso e que a nota final do curso se basearia nele. A outra metade foi informada de que a nota seria atribuída de acordo com o número de vasos que conseguissem fazer. Os alunos incumbidos de fazer vários vasos acabaram apresentando um desempenho melhor. Como eles tiveram a chance de experimentar, se divertir e fazer o que quisessem, seu nível de risco percebido foi mais baixo e seus vasos se mostraram mais interessantes. Os que fizeram um único vaso ficaram intimidados com a nota final ser baseada naquele projeto único, de modo que se recusaram a correr riscos e acabaram sendo excessivamente conservadores em suas criações.

INTRODUÇÃO TRANSFORME O ESCRITÓRIO EM UM ANÚNCIO DA EMPRESA ADOTE PONGS FLEXÍVEIS SEJA CRIATIVO EM SEUS ANÚNCIOS PROCURE PAIXÃO E INTENSIDADE IGNORE AS CREDENCIAIS INVESTIGUE OS HOBBIES PEÇA INDICAÇÕES A SEUS COLABORADORES EVITE CONTRATAR CLONES CONTRATE OS ANTIPÁTICOS CONTRATE OS LOUCOS ENCONTRE VÍTIMAS DE BULLYING PROCURE OS "OLHEIROS" PERGUNTE SOBRE LIVROS LEVE OS CANDIDATOS PARA VELEJAR CONTRATE DEBAIXO DO SEU NARIZ VASCULHE O TWITTER VISITE COMUNIDADES CRIATIVAS TOME CUIDADO COM OS IMPOSTORES FAÇA PERGUNTAS INUSITADAS APROFUNDE SUAS ENTREVISTAS CELEBRE INSTITUA ALGUM GRAU DE ANARQUIA RECEBA AS PEGADINHAS DE BRAÇOS ABERTOS CRIE UM REFÚGIO PARA SEUS TALENTOS CRIATIVOS CRIE UM AMBIENTE JUSTO REFUGIE-SE NO ISOLAMENTO DEFENDA AS MÁS IDEIAS CELEBRE OS FRACASSOS EXIJA O RISCO RECOMPENSE AS PISADAS DE BOLA PROMOVA O MENTORING TRATE OS COLABORADORES COMO ADULTOS MONTE UMA CADEIA CRIATIVA MONTE UM ESPAÇO CRIATIVO INSTITUA UM DIA DE DEMONSTRAÇÃO INCENTIVE O TDAH **MOSTRE UM POUCO DO QUE ESTÁ POR VIR** APRENDA A FALAR A LÍNGUA DA CRIATIVIDADE BRINCAR TAMBÉM TEM SEU VALOR NEUTRALIZE A TURMA DO CONTRA DOCUMENTE AS OBJEÇÕES POR ESCRITO LEVE SEU PESSOAL CRIATIVO A LUGARES CRIATIVOS OS RICOS TAMBÉM SÃO GENTE MUDE TODO DIA, TODA HORA LANCE OS DADOS FUJA DOS PROCESSOS PERAMBULE PELA WIKIPÉDIA NÃO CONTE COM A CONTABILIDADE INVENTE FERIADOS INESPERADOS MISTURE TUDO TIRE UM COCHILO CONCLUSÃO

37

A maioria das pessoas dirá que prefere só saber o necessário, e não mais que o necessário, a qualquer momento. O pessoal criativo não pensa assim. Ao atribuir tarefas a um grupo criativo, não deixe de lhes dar um vislumbre dos próximos projetos. A cabeça deles, hiperativa e em constante funcionamento, imediatamente começará a pensar no futuro, mesmo que ainda estejam trabalhando em seus projetos atuais.

Passamos a vida agradavelmente inconscientes do volume de informações que nosso cérebro efetivamente absorve, porque é assim que é programado para funcionar. No entanto, se eu dissesse a alguém que seu próximo projeto se concentraria em, digamos, hidrantes, a pessoa passaria os próximos seis meses notando todos os hidrantes pelos quais passasse e começaria a reparar nos detalhes e diferenças entre os hidrantes, o que não teria sido possível sem essa informação antecipada. Ela pode nem fazer isso conscientemente, mas, como eu disse, muitas vezes não sabemos o que a nossa mente subconsciente está aprontando. Dessa forma, mesmo se o projeto do hidrante demorar um tempo para começar, seu colaborador já estará bem adiantado.

A maioria das pessoas criativas não está sempre bebendo do poço de conhecimento. Quanto mais você for capaz de saciar essa sede, mais contente o pessoal criativo ficará e seu desempenho refletirá essa satisfação.

Quer um exemplo disso? Em 1974, informamos a equipe de engenharia da Atari que, em seis meses, todos nossos games teriam de ser adaptados aos padrões europeus. No entanto, não teriam de fazer nada a nesse meio-tempo. Quando efetivamente começamos a trabalhar no projeto, notei que todos os engenheiros já conheciam as normas europeias como a palma da mão e tinham ideias para um processo de conversão simples e barato. O que achávamos que seria um projeto demorado e difícil acabou levando menos de um mês para ser concluído.

A eficácia dessa técnica, chamada *preloading*, foi confirmada por muitas pesquisas. De acordo com um estudo de 2009 da University of British Columbia, a parte do cérebro que resolve problemas complexos é bastante ativa e funciona em segundo plano quando sonhamos acordados ou nos ocupamos de tarefas mundanas. O estudo, corroborado por imagens de ressonância magnética da atividade cerebral, constatou que a chamada "rede executiva", ou córtex pré-frontal lateral, e o córtex cingulado anterior dorsal são ativados quando usamos nossa mente dessa forma.

O grande matemático francês Henri Poincaré descreveu como conseguiu resolver um difícil problema nos seguintes termos: "Uma manhã, caminhando pelo penhasco, a ideia se abateu sobre mim, com brevidade, rapidez e uma certeza imediata... O mais impressionante no início foi esse aspecto de súbito esclarecimento, um indício claro de um prolongado e inconsciente trabalho prévio. O papel do trabalho inconsciente na inventividade matemática parece-me incontestável".

Mantenha ocupada a mente do pessoal criativo. Não deixe de manter o cérebro deles constantemente cheio de trabalho inconsciente.

I N T R O D U Ç Ã O
TRANSFORME O ESCRITÓRIO EM UM ANÚNCIO DA EMPRESA
ADOTE PONGS FLEXÍVEIS SEJA CRIATIVO EM SEUS ANÚNCIOS
PROCURE PAIXÃO E INTENSIDADE IGNORE AS CREDENCIAIS
INVESTIGUE OS HOBBIES PEÇA INDICAÇÕES A SEUS
COLABORADORES EVITE CONTRATAR CLONES CONTRATE
OS ANTIPÁTICOS CONTRATE OS LOUCOS ENCONTRE
VÍTIMAS DE BULLYING PROCURE OS "OLHEIROS" PERGUNTE
SOBRE LIVROS LEVE OS CANDIDATOS PARA VELEJAR
CONTRATE DEBAIXO DO SEU NARIZ VASCULHE O TWITTER
VISITE COMUNIDADES CRIATIVAS TOME CUIDADO COM OS
IMPOSTORES FAÇA PERGUNTAS INUSITADAS APROFUNDE
SUAS ENTREVISTAS CELEBRE INSTITUA ALGUM GRAU
DE ANARQUIA RECEBA AS PEGADINHAS DE BRAÇOS
ABERTOS CRIE UM REFÚGIO PARA SEUS TALENTOS CRIATIVOS
CRIE UM AMBIENTE JUSTO REFUGIE-SE NO ISOLAMENTO
DEFENDA AS MÁS IDEIAS CELEBRE OS FRACASSOS EXIJA
O RISCO RECOMPENSE AS PISADAS DE BOLA PROMOVA O
MENTORING TRATE OS COLABORADORES COMO ADULTOS
MONTE UMA CADEIA CRIATIVA MONTE UM ESPAÇO CRIATIVO
INSTITUA UM DIA DE DEMONSTRAÇÃO INCENTIVE O TDAH
MOSTRE UM POUCO DO QUE ESTÁ POR VIR **APRENDA A
FALAR A LÍNGUA DA CRIATIVIDADE** BRINCAR TAMBÉM
TEM SEU VALOR NEUTRALIZE A TURMA DO CONTRA
DOCUMENTE AS OBJEÇÕES POR ESCRITO LEVE SEU PESSOAL
CRIATIVO A LUGARES CRIATIVOS OS RICOS TAMBÉM
SÃO GENTE MUDE TODO DIA, TODA HORA LANCE OS
DADOS FUJA DOS PROCESSOS PERAMBULE PELA
WIKIPÉDIA NÃO CONTE COM A CONTABILIDADE INVENTE
FERIADOS INESPERADOS MISTURE TUDO TIRE UM COCHILO
C O N C L U S Ã O

38

Como já mencionei, uma das marcas de um verdadeiro talento criativo é certa arrogância intelectual. Steve Jobs achava que todo mundo a quem ele reportava era, basicamente, um idiota. (Eu, é claro, era uma dessas pessoas.)

Não importa quem é mais esperto. Isso não é um concurso. O importante é ajudar essas pessoas a criar como loucos. Uma das melhores maneiras de conseguir isso é não agir como um idiota. Aprenda o máximo que puder sobre eles. Saiba o que fazem. E, acima de tudo, aprenda a falar a língua deles.

Em outras palavras, se alguém trabalha com um nível elevado de conhecimento técnico, você precisa no mínimo ser capaz de conversar com ele. Por exemplo, se ele estiver desenvolvendo um novo software, é importante saber a diferença entre o Python e o Unix. Isso não significa que você deva ser um especialista no assunto, mas precisa ser capaz de fazer uma pergunta relevante... e entender grande parte da resposta.

Quando o gestor se transforma no aluno, conquista o respeito da equipe. Um líder como esse dá a seus talentos criativos a chance de se gabar um pouco, de falar sobre o que sabem e mostrar como são espertos — especialmente aos superiores, que, na cabeça deles, podem ter poder, mas não são tão espertos assim.

Uma demonstração sincera de interesse é um verdadeiro bálsamo para uma alma confusa. Você jamais conseguirá realizar as tarefas dessas pessoas tão bem quanto elas. No entanto, se puder demonstrar um pouco de curiosidade e algum conhecimento, você se elevará, aos olhos deles, de completo imbecil a companheiro de viagem na jornada do conhecimento. Alguém que deseja liderar pode não ser muito benquisto, mas alguém disposto a ouvir e aprender tende a ser visto com bons olhos.

INTRODUÇÃO TRANSFORME O ESCRITÓRIO EM UM ANÚNCIO DA EMPRESA ADOTE PONGS FLEXÍVEIS SEJA CRIATIVO EM SEUS ANÚNCIOS PROCURE PAIXÃO E INTENSIDADE IGNORE AS CREDENCIAIS INVESTIGUE OS HOBBIES PEÇA INDICAÇÕES A SEUS COLABORADORES EVITE CONTRATAR CLONES CONTRATE OS ANTIPÁTICOS CONTRATE OS LOUCOS ENCONTRE VÍTIMAS DE BULLYING PROCURE OS "OLHEIROS" PERGUNTE SOBRE LIVROS LEVE OS CANDIDATOS PARA VELEJAR CONTRATE DEBAIXO DO SEU NARIZ VASCULHE O TWITTER VISITE COMUNIDADES CRIATIVAS TOME CUIDADO COM OS IMPOSTORES FAÇA PERGUNTAS INUSITADAS APROFUNDE SUAS ENTREVISTAS CELEBRE INSTITUA ALGUM GRAU DE ANARQUIA RECEBA AS PEGADINHAS DE BRAÇOS ABERTOS CRIE UM REFÚGIO PARA SEUS TALENTOS CRIATIVOS CRIE UM AMBIENTE JUSTO REFUGIE-SE NO ISOLAMENTO DEFENDA AS MÁS IDEIAS CELEBRE OS FRACASSOS EXIJA O RISCO RECOMPENSE AS PISADAS DE BOLA PROMOVA O MENTORING TRATE OS COLABORADORES COMO ADULTOS MONTE UMA CADEIA CRIATIVA MONTE UM ESPAÇO CRIATIVO INSTITUA UM DIA DE DEMONSTRAÇÃO INCENTIVE O TDAH MOSTRE UM POUCO DO QUE ESTÁ POR VIR APRENDA A FALAR A LÍNGUA DA CRIATIVIDADE **BRINCAR TAMBÉM TEM SEU VALOR** NEUTRALIZE A TURMA DO CONTRA DOCUMENTE AS OBJEÇÕES POR ESCRITO LEVE SEU PESSOAL CRIATIVO A LUGARES CRIATIVOS OS RICOS TAMBÉM SÃO GENTE MUDE TODO DIA, TODA HORA LANCE OS DADOS FUJA DOS PROCESSOS PERAMBULE PELA WIKIPÉDIA NÃO CONTE COM A CONTABILIDADE INVENTE FERIADOS INESPERADOS MISTURE TUDO TIRE UM COCHILO CONCLUSÃO

39

A criatividade só é liberada quando as pessoas se sentem livres para expressá-la de todas as maneiras possíveis. Na Atari, e em muitas outras empresas, os brinquedos têm cadeira cativa nas reuniões e em outros encontros. Por exemplo, a empresa de design IDEO (que projetou o mouse original para a Apple em 1980) incentiva seus colaboradores a brincar para estimular a imaginação, e seus escritórios sempre têm um estoque de brinquedos que eles mesmos criaram e que chamam de *finger blasters* — algo como "dedos explosivos" —, uma espécie de projétil preso a um elástico, capaz de ser lançado a até 30 metros de distância.

O objetivo de brincar com jogos, brinquedos e quebra-cabeças não é só se divertir no momento. A prática pode ajudar empregados e gestores de várias maneiras. Jogos como xadrez e o chinês Go forçam você a treinar sua mente para pensar no futuro, se adiantar a possíveis lances e pensar em mais de duas dimensões. Da mesma forma, brinquedos de montar como o Lego lhe permitem começar a burilar uma pequena ideia e desenvolvê-la aos poucos até criar algo grandioso e sem igual.

Até brinquedos como pistolas de água ou dardos podem ser interessantes (se usados com moderação) para permitir que as pessoas voltem à infância, o que é muito importante. Muitos de nós aprendemos a entorpecer nossa criatividade, um lado nosso considerado indisciplinado, não conformista. Quando éramos crianças, os adultos nos ensinaram a nos censurar, e é o que fazemos até hoje, a ponto de a maioria de nós sequer perceber quando faz isso.

Os brinquedos dão às pessoas permissão para abandonar a autocensura e pensar com as regiões do cérebro que foram sufocadas ao longo dos anos. Permitem expressar ideias que surgem de lugares que aprendemos a ignorar, como as partes mais profundas da nossa imaginação.

Por exemplo, o primeiro arcade que criei foi batizado de *Computer Space*, e eu queria que o arcade em si tivesse um formato que evocasse o espaço. Então peguei meu brinquedo favorito na época, massa de modelar, incluí um pedaço de madeira, recortei acrílico para emular a tela e criei o que considerei um formato descolado. Foi bom o suficiente para que mostrasse o protótipo a meu parceiro de negócios, Ted Dabney, que encontrou uma pessoa capaz de fazer um modelo maior, em fibra de vidro. Três semanas depois, a ideia se tornou o primeiro arcade comercialmente vendido. Eu o licenciei a uma empresa chamada Nutting Associates, e o jogo rendeu cerca de três milhões de dólares em vendas. Os royalties me permitiram fundar a Atari.

Na Axlon, minha empresa de eletrônicos de consumo, um grupo estava em uma sala de conferências falando sobre determinado brinquedo e tentando definir algumas de suas características. Durante a reunião, notei que, na outra extremidade da mesa, um dos engenheiros estava efetivamente construindo a ideia... com blocos de Lego. Era só o formato, em tamanho reduzido, mas ele foi capaz de "sacar" a ideia essencial da nossa discussão e nos dar uma visão dela. Alguém sugeriu que a parte de cima deveria ser mais larga e em pouco tempo estava todo mundo montando a ideia, juntos, com os blocos.

Em outra ocasião, na Chuck E. Cheese's, eu falava sobre um projeto para o qual precisávamos de um arcade que evocasse uma floresta. Acontece que meu interlocutor tinha uma coleção de bonecos G. I. Joe, que juntou usando uma pistola de cola quente, fita adesiva e papelão... e *voilà*! Lá estávamos nós, diante de uma representação incrivelmente precisa do conceito. Soubemos que o projeto seria um sucesso antes mesmo de construí-lo.

Deixe seus colaboradores usarem a própria coleção de brinquedos — a surpresa e a diversão se perdem se a empresa tentar manter o controle completo do processo. Mas a empresa pode dar o pontapé inicial. Comece com uma cesta de blocos de Lego na mesa de conferência. Em seguida, inclua um pouco de massa de modelar ou, em outras palavras, disponibilize brinquedos limpos e fáceis de manipular. Deixe que as pessoas levem os brinquedos a suas salas para brincar depois da reunião. Tudo bem se algumas peças forem perdidas. A empresa deve se orgulhar se precisar reabastecer a cesta. Deixe os brinquedos proliferarem por todo o escritório.

Não é de se surpreender que o Lego Group dinamarquês permita que seus colaboradores brinquem com os blocos de montar sempre que quiserem — a empresa chegou a instalar pódios para que os colaboradores possam exibir suas criações.

I N T R O D U Ç Ã O
TRANSFORME O ESCRITÓRIO EM UM ANÚNCIO DA EMPRESA
ADOTE PONGS FLEXÍVEIS SEJA CRIATIVO EM SEUS ANÚNCIOS
PROCURE PAIXÃO E INTENSIDADE IGNORE AS CREDENCIAIS
INVESTIGUE OS HOBBIES PEÇA INDICAÇÕES A SEUS
COLABORADORES EVITE CONTRATAR CLONES CONTRATE
OS ANTIPÁTICOS CONTRATE OS LOUCOS ENCONTRE
VÍTIMAS DE BULLYING PROCURE OS "OLHEIROS" PERGUNTE
SOBRE LIVROS LEVE OS CANDIDATOS PARA VELEJAR
CONTRATE DEBAIXO DO SEU NARIZ VASCULHE O TWITTER
VISITE COMUNIDADES CRIATIVAS TOME CUIDADO COM OS
IMPOSTORES FAÇA PERGUNTAS INUSITADAS APROFUNDE
SUAS ENTREVISTAS CELEBRE INSTITUA ALGUM GRAU
DE ANARQUIA RECEBA AS PEGADINHAS DE BRAÇOS
ABERTOS CRIE UM REFÚGIO PARA SEUS TALENTOS CRIATIVOS
CRIE UM AMBIENTE JUSTO REFUGIE-SE NO ISOLAMENTO
DEFENDA AS MÁS IDEIAS CELEBRE OS FRACASSOS EXIJA
O RISCO RECOMPENSE AS PISADAS DE BOLA PROMOVA O
MENTORING TRATE OS COLABORADORES COMO ADULTOS
MONTE UMA CADEIA CRIATIVA MONTE UM ESPAÇO CRIATIVO
INSTITUA UM DIA DE DEMONSTRAÇÃO INCENTIVE O TDAH
MOSTRE UM POUCO DO QUE ESTÁ POR VIR APRENDA A
FALAR A LÍNGUA DA CRIATIVIDADE BRINCAR TAMBÉM
TEM SEU VALOR **NEUTRALIZE A TURMA DO CONTRA**
DOCUMENTE AS OBJEÇÕES POR ESCRITO LEVE SEU PESSOAL
CRIATIVO A LUGARES CRIATIVOS OS RICOS TAMBÉM
SÃO GENTE MUDE TODO DIA, TODA HORA LANCE OS
DADOS FUJA DOS PROCESSOS PERAMBULE PELA
WIKIPÉDIA NÃO CONTE COM A CONTABILIDADE INVENTE
FERIADOS INESPERADOS MISTURE TUDO TIRE UM COCHILO
C O N C L U S Ã O

40

Existem muitos obstáculos à criatividade, mas um dos mais perniciosos são as outras pessoas. Há um velho ditado que diz: "As boas ideias acabam no chão da sala de edição". E por que isso acontece? Porque os outros pegam essas boas ideias e as descartam.

(Há também outra máxima, atribuída ao filósofo Jean-Paul Sartre: "O inferno são os outros", uma afirmação que não requer explicação.)

Quem são esses outros? São os negativistas, que de alguma forma conseguem entrar em qualquer empresa, como cupins que infestam edifícios antigos. Raramente vi uma empresa que não tivesse seu quinhão de negativistas — e nisso incluo minhas próprias empresas. O truque é não deixá-los entrar. Contudo, se já estão infestando sua empresa, é preciso encontrá-los e neutralizá-los.

É fácil detectar esse pessoalzinho do contra porque são eles que impedem os projetos de decolar, que sufocam a criatividade e drenam a imaginação. Conquistaram poder e prestígio por serem os rabugentos. Esse pessoal do contra finge que suas ações são para o bem da empresa (alguém tem de bancar o advogado do diabo, eles se justificam). No entanto, o que acontece é que dizem não o tempo todo, porque isso é tudo o que sabem fazer e porque não têm ideias próprias.

Na verdade, o sucesso deles na empresa se explica pelo fato de nunca correrem riscos e, assim, eles se deleitam sob o resplendor de seu histórico impecável.

Ao aprovar uma nova ideia, queira ou não, você está assumindo alguma responsabilidade por um eventual fracasso. Mas, se tudo o que faz é derrubar um projeto após o outro, você sempre estará 100% certo. Nada que leva seu carimbo de aprovação fracassa, simplesmente porque você nunca aprova nada. Isso não faz de você uma pessoa esperta, mas sim uma pessoa extremamente obstrutiva.

Na Atari, só tínhamos uma palavra proibida: não. Eu vetava as pessoas de pronunciar essa palavra. Qualquer idiota pode dizer não. Não há qualquer processo mental envolvido nisso. Se você não gostar de alguma coisa, cabe a você pensar em algo melhor.

Se as pessoas não gostassem de uma nova ideia, só lhes permitia pensar em como melhorar o projeto ou em como encontrar maneiras de transformar a apreensão em entusiasmo. Essa política não apenas impedia as pessoas de se limitar a carimbar um não nos projetos, como forçava um clima de resolução coletiva de problemas. De repente, até os maiores opositores se viram forçados a encontrar maneiras de ser imaginativos, criativos e articulados o suficiente para transformar um não em um sim.

Eu me diverti muito observando essa turma correndo para se transformar em solucionadores de problemas quando percebiam que a coisa era séria. E também descobri que, quando um da laia era demitido, os outros se esforçavam para mudar. Naturalmente, tinham passado tanto tempo desprovidos de conteúdo que só eram bons em dizer não.

Observação: Como mencionei no pong 32, as pessoas criativas raramente são boas comunicadoras. Na verdade, é uma regra geral que as pessoas comunicativas não são necessariamente criativas, e as pessoas criativas não são comunicativas. Eloquência não é sinônimo de inteligência. Os gestores muitas vezes dizem não a uma ideia porque a pessoa que tenta explicá-la simplesmente não se comunica muito bem. Nunca permita que grandes ideias se percam porque os líderes as vetam antes de serem bem-explicadas.

INTRODUÇÃO O TRANSFORME O ESCRITÓRIO EM UM ANÚNCIO DA EMPRESA ADOTE PONGS FLEXÍVEIS SEJA CRIATIVO EM SEUS ANÚNCIOS PROCURE PAIXÃO E INTENSIDADE IGNORE AS CREDENCIAIS INVESTIGUE OS HOBBIES PEÇA INDICAÇÕES A SEUS COLABORADORES EVITE CONTRATAR CLONES CONTRATE OS ANTIPÁTICOS CONTRATE OS LOUCOS ENCONTRE VÍTIMAS DE BULLYING PROCURE OS "OLHEIROS" PERGUNTE SOBRE LIVROS LEVE OS CANDIDATOS PARA VELEJAR CONTRATE DEBAIXO DO SEU NARIZ VASCULHE O TWITTER VISITE COMUNIDADES CRIATIVAS TOME CUIDADO COM OS IMPOSTORES FAÇA PERGUNTAS INUSITADAS APROFUNDE SUAS ENTREVISTAS CELEBRE INSTITUA ALGUM GRAU DE ANARQUIA RECEBA AS PEGADINHAS DE BRAÇOS ABERTOS CRIE UM REFÚGIO PARA SEUS TALENTOS CRIATIVOS CRIE UM AMBIENTE JUSTO REFUGIE-SE NO ISOLAMENTO DEFENDA AS MÁS IDEIAS CELEBRE OS FRACASSOS EXIJA O RISCO RECOMPENSE AS PISADAS DE BOLA PROMOVA O MENTORING TRATE OS COLABORADORES COMO ADULTOS MONTE UMA CADEIA CRIATIVA MONTE UM ESPAÇO CRIATIVO INSTITUA UM DIA DE DEMONSTRAÇÃO INCENTIVE O TDAH MOSTRE UM POUCO DO QUE ESTÁ POR VIR APRENDA A FALAR A LÍNGUA DA CRIATIVIDADE BRINCAR TAMBÉM TEM SEU VALOR NEUTRALIZE A TURMA DO CONTRA **DOCUMENTE AS OBJEÇÕES POR ESCRITO** LEVE SEU PESSOAL CRIATIVO A LUGARES CRIATIVOS OS RICOS TAMBÉM SÃO GENTE MUDE TODO DIA, TODA HORA LANCE OS DADOS FUJA DOS PROCESSOS PERAMBULE PELA WIKIPÉDIA NÃO CONTE COM A CONTABILIDADE INVENTE FERIADOS INESPERADOS MISTURE TUDO TIRE UM COCHILO CONCLUSÃO

41

Todo santo dia, em todo o mundo dos negócios, ideias criativas são impiedosamente exterminadas. Façamos um minuto de silêncio por elas. Sem boas ideias, o futuro jamais será como queremos — um amanhã forte não pode ser construído sobre uma base de conceitos fracos. Desse modo, o objetivo é impedir que todas essas boas ideias sejam assassinadas.

Uma das melhores maneiras de fazer isso é relativamente simples: peça às pessoas para documentar, por escrito, suas objeções às ideias. Por quê? Porque é muito fácil matar uma ideia oralmente. As pessoas tendem a se sentir mais à vontade criticando do que elogiando uma nova ideia. Isso faz parte da natureza humana. É sempre mais fácil dizer não do que sim.

Por isso, uma tática muito melhor é pedir que as objeções sejam apresentadas por escrito. Quando as pessoas anotam as críticas e assinam embaixo, são forçadas a se responsabilizar por suas opiniões negativas. Com isso, estão declarando, oficialmente, que não acreditam que o projeto vai dar certo. Se o projeto se provar um sucesso, sua capacidade de prognóstico é colocada em dúvida. Por outro lado, se expressarem sua opinião apenas oralmente, sempre poderão alegar que os outros é que entenderam mal o que quiseram dizer, que estavam apenas repetindo o que alguém disse ou dar alguma outra desculpa.

Para fomentar a criatividade, é necessário reduzir o número de maneiras pelas quais sua empresa diz não. No entanto, na maioria das empresas, as pessoas que detêm maior poder sobre o sucesso ou o fracasso de um projeto tendem a ser as únicas com permissão de analisá-lo da maneira menos inteligente. Se forem responsabilizadas por suas críticas, estarão menos propensas a criticar com tanta facilidade.

Outra vantagem de registrar as objeções por escrito é a possibilidade de circulá-las, permitindo que os outros colaboradores também contribuam com ideias. E com isso você também força as pessoas a serem mais específicas. Se o ponto fraco de uma ideia for seu custo, escrever os números força as pessoas a serem mais precisas em suas estimativas e também dá ao criador da ideia uma chance de ser mais preciso em sua contra-argumentação.

Por fim, quando as pessoas são rápidas em expressar suas objeções, essas acusações geralmente são impensadas. Elas se sentem pressionadas a se manifestar, não a serem precisas. Um registro por escrito obriga as pessoas a explicar exatamente o que querem dizer, com as análises apropriadas.

Por exemplo: vários anos atrás, fui contratado como um consultor criativo em uma empresa. Cheguei até a conduzir uma sessão criativa no Pajaro Dunes (ver o pong 26), acreditando que seria tão produtivo quanto minhas sessões anteriores lá.

Não foi o que aconteceu. A hostilidade à criatividade naquela empresa era tão intensa que quase chegava a ser palpável. Mas nem todo mundo era hostil, e só levei uma hora para identificar os gestores problemáticos (três dos onze colaboradores participantes do retiro). Se fosse uma empresa minha, eu teria demitido o bando todo ali mesmo.

Mas não era a minha função ali. Então, decidi preparar uma emboscada para eles. Distribuí folhas de papel e canetas e pedi que todos relacionassem os produtos da empresa que os entusiasmavam mais e menos. Quando terminaram, instruí-os a escrever como poderiam melhorar ainda mais os bons projetos ou como poderiam alterar os projetos ruins para que dessem certo.

Com esse exercício, queria que eles fossem criativos da maneira mais positiva possível... sem qualquer escapatória.

Muitos gestores odeiam esse tipo de exercício. Mas os bons gestores que desejam contratar e cultivar os talentos criativos ficam mais do que contentes em poder participar do processo de inventar algo novo e maravilhoso. Afinal, ajudar a refinar uma ideia é tão importante quanto originá-la.

Dei a todos os participantes trinta minutos para anotar suas opiniões e sugestões. Nenhuma colaboração entre eles foi permitida. Disse que estava saindo para dar uma caminhada na praia e que, se alguém precisasse falar comigo, estaria à disposição.

Todos os três gestores tóxicos me procuraram para pedir mais instruções e orientações, tentando dar um jeito de fugir da tarefa.

Como eu esperava, os oito bons gestores apresentaram algumas excelentes ideias, e os três gestores tóxicos não conseguiram nada mais do que lixo. O mais triste é que os três gestores tóxicos ocupavam cargos elevados na administração. A desalentadora verdade é que esse tipo de pessoa, sofrivelmente pouco criativa, costuma ser magistral na política corporativa. Avançam na carreira não por terem boas ideias, mas por saberem como avançar. Os colaboradores tóxicos se preocupam mais consigo mesmos e com a própria carreira do que com o bem-estar da empresa.

Quando voltamos a nos reunir, disse ao grupo que, embora muitas das sugestões fossem excelentes, algumas se mostraram insatisfatórias. Dito isso, limitei a discussão às cinco melhores sugestões.

Depois, informei ao grupo que, da próxima vez, leria as melhores ideias em voz alta, identificando seus autores. Desprovidos do abrigo do anonimato, os não criativos se veem expostos ao risco. Seu maior temor é serem descobertos como os gestores sem conteúdo que são.

E deu certo. Todos os gestores tóxicos se tornaram, como num passe de mágica, incrivelmente solícitos e passaram a dar mais atenção ao grupo. Afinal, sabiam que não poderiam mais depender da muleta da autoridade e que agora precisariam competir com seus subordinados na geração de ideias. Não tinham mais onde se esconder.

Em conversas posteriores com o CEO da empresa, relatei o processo que usei naquelas sessões. Ele deu risada e disse que todos tinham adorado o retiro, exceto os três gestores tóxicos.

Como saber se o colaborador é tóxico ou da turma do contra

Esses dois grupos podem parecer similares, mas representam dois tipos diferentes de problema. A má notícia é que algumas pessoas pertencem às duas categorias.

O pessoal do contra (veja o pong 40) rejeita antes de analisar. Não querem dizer sim. E adoram dizer não. Os negativistas seguem uma receita de bolo. Conhecem as fórmulas que deram certo no passado e as usam em benefício próprio. São contra mudanças, já que elas são perigosas. A melhor maneira de impedir a mudança é dizer não sempre que possível.

Vejamos um exemplo disso. Depois que a Atari foi vendida à Warner Communications, me vi cercado de executivos opositores que se ocuparam de desmantelar a cultura criativa da Atari, matando todos os projetos de pesquisa que não se mostravam completamente alinhados aos produtos do ano anterior. Aquelas pessoas queriam o que já tinha dado certo no passado e não o que daria certo no futuro.

DOCUMENTE AS OBJEÇÕES POR ESCRITO

> Já os sujeitos tóxicos são mais perigosos... e muitas vezes mais difíceis de reconhecer. Eles se ocupam de alterar todos os possíveis novos empreendimentos da empresa para se beneficiar deles, sem qualquer consideração para o que poderia beneficiar a empresa. Se a empresa despencar, sempre poderão encontrar um emprego em outro lugar, já que se mantêm constantemente trabalhando em seu currículo e em sua lista de contatos. Eles não se importam. Não trabalham para a empresa, trabalham para si mesmos. Os colaboradores tóxicos são extremamente sutis, excepcionalmente políticos e potencialmente psicopatas. Extermine-os sem dó nem piedade.

I N T R O D U Ç Ã O
TRANSFORME O ESCRITÓRIO EM UM ANÚNCIO DA EMPRESA
ADOTE PONGS FLEXÍVEIS SEJA CRIATIVO EM SEUS ANÚNCIOS
PROCURE PAIXÃO E INTENSIDADE IGNORE AS CREDENCIAIS
INVESTIGUE OS HOBBIES PEÇA INDICAÇÕES A SEUS
COLABORADORES EVITE CONTRATAR CLONES CONTRATE
OS ANTIPÁTICOS CONTRATE OS LOUCOS ENCONTRE
VÍTIMAS DE BULLYING PROCURE OS "OLHEIROS" PERGUNTE
SOBRE LIVROS LEVE OS CANDIDATOS PARA VELEJAR
CONTRATE DEBAIXO DO SEU NARIZ VASCULHE O TWITTER
VISITE COMUNIDADES CRIATIVAS TOME CUIDADO COM OS
IMPOSTORES FAÇA PERGUNTAS INUSITADAS APROFUNDE
SUAS ENTREVISTAS CELEBRE INSTITUA ALGUM GRAU
DE ANARQUIA RECEBA AS PEGADINHAS DE BRAÇOS
ABERTOS CRIE UM REFÚGIO PARA SEUS TALENTOS CRIATIVOS
CRIE UM AMBIENTE JUSTO REFUGIE-SE NO ISOLAMENTO
DEFENDA AS MÁS IDEIAS CELEBRE OS FRACASSOS EXIJA
O RISCO RECOMPENSE AS PISADAS DE BOLA PROMOVA O
MENTORING TRATE OS COLABORADORES COMO ADULTOS
MONTE UMA CADEIA CRIATIVA MONTE UM ESPAÇO CRIATIVO
INSTITUA UM DIA DE DEMONSTRAÇÃO INCENTIVE O TDAH
MOSTRE UM POUCO DO QUE ESTÁ POR VIR APRENDA A
FALAR A LÍNGUA DA CRIATIVIDADE BRINCAR TAMBÉM
TEM SEU VALOR NEUTRALIZE A TURMA DO CONTRA
DOCUMENTE AS OBJEÇÕES POR ESCRITO **LEVE SEU PESSOAL CRIATIVO A LUGARES CRIATIVOS** OS RICOS TAMBÉM
SÃO GENTE MUDE TODO DIA, TODA HORA LANCE OS
DADOS FUJA DOS PROCESSOS PERAMBULE PELA
WIKIPÉDIA NÃO CONTE COM A CONTABILIDADE INVENTE
FERIADOS INESPERADOS MISTURE TUDO TIRE UM COCHILO
C O N C L U S Ã O

42

Na época em que a Atari ia de vento em popa, a maioria das cidades americanas tinha de dois a três grandes distribuidores de arcades divididos em linhas de produto. As empresas de games tendiam a ter um distribuidor exclusivo em cada cidade. Isso significava que o distribuidor em frente ao distribuidor da Atari, digamos, em Chicago, estava tentando encontrar outro desenvolvedor de games para entrar no setor e competir conosco.

Quando percebemos que nenhum outro desenvolvedor se manifestava, pensamos: por que não nos tornar nosso próprio concorrente? Assim, abrimos uma empresa chamada Key Games, que na verdade era 100% de propriedade da Atari e que tinha sido criada para aparentar ser um concorrente nosso. Em seguida, os vendedores da Key Games procuraram o segundo maior distribuidor de cada cidade fechando acordos para fornecer os games. Fizemos uma seleção de games no nosso departamento de engenharia e os transferimos à Key Games, que em pouco tempo já estava decolando. Entre a Atari e a Key Games, acabamos com uma participação de mercado de 80%.

Essa ideia brilhante surgiu em uma reunião realizada em uma jacuzzi. Eu tinha acabado de contratar um novo diretor de marketing e, como estava fazendo um belo dia, decidimos nos sentar ao lado da banheira de hidromassagem na minha casa em Los Gatos, Califórnia, para conversar sobre os problemas de marketing da empresa.

Muitas outras excelentes ideias surgiram na descontração e tranquilidade de uma jacuzzi.

Não dá para fazer isso no mundo do trabalho dos dias de hoje. As banheiras de hidromassagem são uma relíquia dos anos 1970. Então pense em alternativas a uma jacuzzi e mergulhe a sua empresa nelas. Pode ser qualquer coisa. Por exemplo, pesquisas do cérebro mostram que, se vocês puderem conversar caminhando, terão mais chances de ter novas ideias. Ou pense enquanto se cuida: Albert Einstein afirmou que teve muitas de suas melhores ideias ao se barbear e que precisava tomar muito cuidado ao passar a lâmina pela pele ou corria o risco de se cortar ao ser surpreendido por um pensamento brilhante.

Em 1969, Wolfgang Köhler, psicólogo gestaltista, deu uma famosa palestra na qual falou sobre os três ambientes nos quais os insights criativos costumam surgir: o ônibus, a banheira e a cama. (Köhler estava se referindo especificamente a três casos famosos de criatividade espontânea: o filósofo grego Arquimedes descobriu na banheira a lei da física relativa à força de empuxo; o químico alemão Friedrich August Kekulé teve o insight sobre a valência em moléculas de benzeno em um sonho, na cama; e o matemático Henri Poincaré fez uma de suas mais importantes descobertas matemáticas em um ônibus.)

Também tive grandes ideias em um desses lugares, bem como muitos de meus colaboradores. Com efeito, descobri que o simples fato de levar as pessoas para trabalhar em ambientes diferentes lhes possibilitava ter muitas novas ideias criativas. Assim, costumava levar a equipe para esquiar, para a praia, as montanhas, a qualquer lugar que pudesse beneficiar a mente deles.

Uma das ideias mais importantes para a Chuck E. Cheese's foi desenvolvida quando percebemos que não tínhamos atividades suficientes para as crianças pequenas e, se não ficassem satisfeitas, os pais jamais voltariam a nossos restaurantes. Então desenvolvemos o conceito de um playground infantil com uma piscina de bolinhas. A ideia surgiu em um bate-papo ao redor da lareira depois de um dia esquiando.

O plano de negócios do sistema de navegação Etak (a primeira empresa a digitalizar mapas mundiais) foi elaborado no meu veleiro, no meio do Oceano Pacífico. Velejava com um amigo, o engenheiro Stan Honey, e estávamos esperando uma posição de navegação (também chamada fix) via satélite, que na época só era recebida quando um satélite passava diretamente acima do usuário. (Stan é um inventor incrível. Uma das suas melhores invenções foram aquelas linhas artificiais nos campos de futebol, que vemos na tela de TV, tão realistas que muita gente acha que as linhas de fato estão traçadas no campo.)

Entre a meia-noite e as quatro da manhã, Stan e eu resolvíamos alguns problemas de navegação, conversando sobre a diferença entre orientar-se em terra e no mar e maneiras de facilitar os dois processos. Naquela pequena cabine apertada e mal-iluminada, movidos a litros de café, pensamos de improviso em novos tipos de sistemas de navegação para automóveis, até que chegamos a uma solução para o problema. Nossa ideia, o Navigator, da Etak, foi o primeiro sistema de navegação automotiva disponibilizado no mercado, oferecendo aos usuários um nível razoável de praticidade. Também criamos mapas digitais e softwares de mapeamento, vendendo a empresa à News Corp, de Rupert Murdoch, em 1989.

Muitas outras empresas descobriram os benefícios de tirar seus talentos criativos do escritório e levá-los a lugares onde a inspiração tem mais chances de surgir. Por exemplo, a Divisão Criativa Especial da empresa de cartões comemorativos Hallmark se manteve em alta até os anos 1980, quando a rentabilidade da empresa, bem como a sua criatividade, despencou. Em 1994, um novo diretor criativo foi contratado com a missão de montar uma nova cadeia criativa. O novo diretor disponibilizou aos colaboradores 30% do tempo e recursos da divisão para recarregar as baterias. Poderiam tirar um período sabático, fazer viagens de pesquisa pela Europa, ocupar-se de hobbies ou simplesmente ir a um retiro ou alguma fazenda da região.

Deu certo. A receita líquida não parou de subir depois das mudanças, indo de três bilhões de dólares em 1994 para 3,7 bilhões de dólares em 1997. Hoje, a empresa de capital fechado é um negócio de aproximadamente 4,1 bilhões de dólares.

Não force seu pessoal criativo a passar o dia todo atrás de uma mesa. Quanto mais interessantes e criativos forem os ambientes, mais chances eles têm de ter ideias interessantes e criativas.

I N T R O D U Ç Ã O
TRANSFORME O ESCRITÓRIO EM UM ANÚNCIO DA EMPRESA
ADOTE PONGS FLEXÍVEIS SEJA CRIATIVO EM SEUS ANÚNCIOS
PROCURE PAIXÃO E INTENSIDADE IGNORE AS CREDENCIAIS
INVESTIGUE OS HOBBIES PEÇA INDICAÇÕES A SEUS
COLABORADORES EVITE CONTRATAR CLONES CONTRATE
OS ANTIPÁTICOS CONTRATE OS LOUCOS ENCONTRE
VÍTIMAS DE BULLYING PROCURE OS "OLHEIROS" PERGUNTE
SOBRE LIVROS LEVE OS CANDIDATOS PARA VELEJAR
CONTRATE DEBAIXO DO SEU NARIZ VASCULHE O TWITTER
VISITE COMUNIDADES CRIATIVAS TOME CUIDADO COM OS
IMPOSTORES FAÇA PERGUNTAS INUSITADAS APROFUNDE
SUAS ENTREVISTAS CELEBRE INSTITUA ALGUM GRAU
DE ANARQUIA RECEBA AS PEGADINHAS DE BRAÇOS
ABERTOS CRIE UM REFÚGIO PARA SEUS TALENTOS CRIATIVOS
CRIE UM AMBIENTE JUSTO REFUGIE-SE NO ISOLAMENTO
DEFENDA AS MÁS IDEIAS CELEBRE OS FRACASSOS EXIJA
O RISCO RECOMPENSE AS PISADAS DE BOLA PROMOVA O
MENTORING TRATE OS COLABORADORES COMO ADULTOS
MONTE UMA CADEIA CRIATIVA MONTE UM ESPAÇO CRIATIVO
INSTITUA UM DIA DE DEMONSTRAÇÃO INCENTIVE O TDAH
MOSTRE UM POUCO DO QUE ESTÁ POR VIR APRENDA A
FALAR A LÍNGUA DA CRIATIVIDADE BRINCAR TAMBÉM
TEM SEU VALOR NEUTRALIZE A TURMA DO CONTRA
DOCUMENTE AS OBJEÇÕES POR ESCRITO LEVE SEU PESSOAL
CRIATIVO A LUGARES CRIATIVOS **OS RICOS TAMBÉM
SÃO GENTE** MUDE TODO DIA, TODA HORA LANCE OS
DADOS FUJA DOS PROCESSOS PERAMBULE PELA
WIKIPÉDIA NÃO CONTE COM A CONTABILIDADE INVENTE
FERIADOS INESPERADOS MISTURE TUDO TIRE UM COCHILO
C O N C L U S Ã O

43

Não raro as pessoas dão início ao processo criativo com as melhores intenções, mas acabam se impondo condições imediatas e restritivas demais. Dizem que querem fazer um produto ou serviço fantástico, mas... todo mundo deve poder pagar pelo novo produto ou serviço.

Esse requisito pode parecer óbvio. Afinal, como seria possível conquistar um amplo mercado, se o preço de seu produto for proibitivo? Assim, quando as empresas analisam os números e veem os custos potenciais, presumem que, sem um vasto mercado comercial, não têm como levar o projeto adiante. E, assim, ideias fabulosas são jogadas no lixo por medo de uma entrada no mercado aparentemente dispendiosa demais.

A verdade é que não há nada de errado em fazer um produto ou serviço excelente para os endinheirados. Nos primeiros anos, muitos produtos de sucesso foram extremamente caros.

Então, tente uma abordagem diferente. Diga: farei esse produto só para os ricos, que têm dinheiro para gastar. Se pensar assim, você se livra de uma das principais restrições à criatividade.

A bem da verdade, o projeto pode ou não acabar custando aos consumidores tanto quanto sua suposição inicial. Muitas vezes, ideias que inicialmente parecem proibitivas em termos de custos acabam se revelando vantajosas porque, quanto mais a equipe aprende ao longo de um projeto, mais economias de custo incorpora a ele.

No entanto, mesmo que o projeto acabe sendo custoso demais, mantenha em mente que o caminho para a inovação muitas vezes passa pelos bairros mais abastados. Só os ricos tiveram condições de pagar pelos primeiros telefones, os primeiros aviões, os primeiros carros, os primeiros computadores e assim por diante. Os ricos estão sempre em busca de novos produtos para tornar a vida mais fácil, mais agradável ou mais produtiva, e as mentes criativas estão aí para inventar esses produtos.

Se o produto for bom, o preço em geral despenca. Produtos proibitivamente caros no passado são vendidos ao público em geral hoje em dia. Vejamos o exemplo da bicicleta: na década de 1860, um ferreiro parisiense chamado Pierre Michaux começou a vender bicicletas personalizadas pelo preço de 250 francos, uma pequena fortuna na época. A maioria de seus primeiros clientes eram nobres, e a bicicleta continuou sendo um brinquedo dispendioso de jovens endinheirados até o início do século 20, quando lojas de departamento como a Sears finalmente encontraram maneiras de produzi-las e vendê-las a preços mais baixos.

Se você rasgasse suas roupas, andando de bicicleta, teria sorte se tivesse uma máquina de costura para consertá-las. Uma máquina de costura era considerada um luxo pela maioria das pessoas no século 19 e era vendida por 125 dólares numa época em que a renda média anual era de 500 dólares. No entanto, em meados do século 20, 85% de todas as famílias americanas já tinham uma.

De forma similar, o forno de micro-ondas, inventado por Percy L. Spencer e lançado no mercado em 1947, tinha cerca de 1,8 metro de altura e 340 quilos, sendo mais parecido com uma geladeira do que com a unidade compacta que temos hoje. Na época, o aparelho custava cerca de 30 mil dólares em moeda atual e só era vendido a clientes comerciais. Até os primeiros modelos voltados ao consumidor, vendidos em meados dos anos 1950, chegavam a custar o equivalente a 15 mil dólares atuais. Hoje, mais de 90% dos lares americanos possuem um forno de micro-ondas.

Para dar um exemplo mais recente, o computador Watson, da IBM, é um supercomputador de três milhões de dólares capaz de compreender a linguagem humana e, em 2011, chegou a vencer um episódio do programa de perguntas e respostas *Jeopardy*. Atualmente, o computador está sendo utilizado em caráter experimental na indústria da saúde para ajudar os profissionais da área médica a investigar e tratar o câncer. No entanto, há rumores de que, em alguns anos, a empresa poderá ser capaz de criar uma versão de bolso voltada ao mercado consumidor... a uma fração de seu custo multimilionário atual.

Crie algo que permita à classe média agir como os ricos e você pode ter um sucesso nas mãos. Essa é uma das razões pelas quais o carro sem motorista será um grande sucesso: fará que a classe média tenha o equivalente a um chofer, possibilitando a ela desembarcar na frente do restaurante, enquanto o carro parte e estaciona sozinho. Todo mundo, exceto os motoristas, sairá contente.

INTRODUÇÃO O TRANSFORME O ESCRITÓRIO EM UM ANÚNCIO DA EMPRESA ADOTE PONGS FLEXÍVEIS SEJA CRIATIVO EM SEUS ANÚNCIOS PROCURE PAIXÃO E INTENSIDADE IGNORE AS CREDENCIAIS INVESTIGUE OS HOBBIES PEÇA INDICAÇÕES A SEUS COLABORADORES EVITE CONTRATAR CLONES CONTRATE OS ANTIPÁTICOS CONTRATE OS LOUCOS ENCONTRE VÍTIMAS DE BULLYING PROCURE OS "OLHEIROS" PERGUNTE SOBRE LIVROS LEVE OS CANDIDATOS PARA VELEJAR CONTRATE DEBAIXO DO SEU NARIZ VASCULHE O TWITTER VISITE COMUNIDADES CRIATIVAS TOME CUIDADO COM OS IMPOSTORES FAÇA PERGUNTAS INUSITADAS APROFUNDE SUAS ENTREVISTAS CELEBRE INSTITUA ALGUM GRAU DE ANARQUIA RECEBA AS PEGADINHAS DE BRAÇOS ABERTOS CRIE UM REFÚGIO PARA SEUS TALENTOS CRIATIVOS CRIE UM AMBIENTE JUSTO REFUGIE-SE NO ISOLAMENTO DEFENDA AS MÁS IDEIAS CELEBRE OS FRACASSOS EXIJA O RISCO RECOMPENSE AS PISADAS DE BOLA PROMOVA O MENTORING TRATE OS COLABORADORES COMO ADULTOS MONTE UMA CADEIA CRIATIVA MONTE UM ESPAÇO CRIATIVO INSTITUA UM DIA DE DEMONSTRAÇÃO INCENTIVE O TDAH MOSTRE UM POUCO DO QUE ESTÁ POR VIR APRENDA A FALAR A LÍNGUA DA CRIATIVIDADE BRINCAR TAMBÉM TEM SEU VALOR NEUTRALIZE A TURMA DO CONTRA DOCUMENTE AS OBJEÇÕES POR ESCRITO LEVE SEU PESSOAL CRIATIVO A LUGARES CRIATIVOS OS RICOS TAMBÉM SÃO GENTE **MUDE TODO DIA, TODA HORA** LANCE OS DADOS FUJA DOS PROCESSOS PERAMBULE PELA WIKIPÉDIA NÃO CONTE COM A CONTABILIDADE INVENTE FERIADOS INESPERADOS MISTURE TUDO TIRE UM COCHILO CONCLUSÃO

44

Na década de 1980, o músico Frank Zappa sentiu que passava por um período de bloqueio criativo e bolou um plano. Em vez de se levantar no mesmo horário toda manhã, a cada dia ele saía da cama uma hora mais tarde que no dia anterior. Em consequência, doze dias depois ele se levantou às 8 da noite, tomou o café da manhã, trabalhou, almoçou lá pela 1 da madrugada, foi dormir em torno do meio-dia e levantou-se no dia seguinte às 9 da noite, e assim por diante. Segundo ele, esse padrão de comportamento o ajudou a ter ideias originais. Como ele podia deixar de ver as coisas de um jeito novo? Agora, sua vida inteira era nova.

Incentive seu pessoal criativo a imitar Frank — não necessariamente em termos de horários, porque isso pode dificultar um pouco a administração do escritório —, mas dando uma chacoalhada na vida. Encontre o maior número possível de maneiras para manter a mente deles ativa e flexível. Incentive-os a encontrar um novo caminho para o trabalho todo dia ou, em vez de ir de carro, encoraje-os a ir andando, de bicicleta ou de skate. Sugira que passeiem em bairros diferentes, façam compras em supermercados novos, caminhem em lugares que nunca estiveram antes, parem para cumprimentar pessoas diferentes. Peça-lhes para provar comidas novas, acrescentar palavras novas a seu vocabulário, tentar novas armações de óculos, usar roupas diferentes. No lugar das sextas-feiras casuais, institua as sextas-feiras "tente um estilo diferente". Atribua aos colaboradores um horário de expediente inusitado. Deixe-os fazer o que quiserem com a sala ou baia. Diga-lhes para virar as cadeiras para algum outro lado da sala, reorganizar a escrivaninha, deitar no chão. A ideia é estimular o cérebro das pessoas a funcionar no maior número possível de maneiras diferentes, livrando-as dos grilhões das normas e regras.

Os hábitos das pessoas altamente eficazes raramente são criativos; pessoas altamente rotineiras não tendem a ter ideias originais. Afinal, estão tentando levar uma vida certinha e bem planejada. Quando tudo que se quer é uma boa execução, a regularidade é muito bem-vinda. Contudo, quando se quer criatividade selvagem, anticonvencional e desinibida, a regularidade só atrapalha.

Quanto a mim, quando estou em modo de execução, fico extremamente focado e recorro à minha velha rotina testada e comprovada. No entanto, quando estou no modo criativo, fico o mais desregrado possível: mudo meus horários, troco a noite pelo dia, e as ideias começam a fluir.

O objetivo de todas essas mudanças é dar uma chacoalhada no cérebro para pensar de maneira diferente. O cérebro tende a resistir a isso. Projete um ambiente para seu pessoal criativo que estimule o cérebro deles a se empenhar mais, pensar de um jeito diferente e inovar de maneiras interessantes. Quanto maior for a regularidade, maior é a monotonia. Quanto maior for a mudança, maior é a diferença.

INTRODUÇÃO
TRANSFORME O ESCRITÓRIO EM UM ANÚNCIO DA EMPRESA
ADOTE PONGS FLEXÍVEIS SEJA CRIATIVO EM SEUS ANÚNCIOS
PROCURE PAIXÃO E INTENSIDADE IGNORE AS CREDENCIAIS
INVESTIGUE OS HOBBIES PEÇA INDICAÇÕES A SEUS
COLABORADORES EVITE CONTRATAR CLONES CONTRATE
OS ANTIPÁTICOS CONTRATE OS LOUCOS ENCONTRE
VÍTIMAS DE BULLYING PROCURE OS "OLHEIROS" PERGUNTE
SOBRE LIVROS LEVE OS CANDIDATOS PARA VELEJAR
CONTRATE DEBAIXO DO SEU NARIZ VASCULHE O TWITTER
VISITE COMUNIDADES CRIATIVAS TOME CUIDADO COM OS
IMPOSTORES FAÇA PERGUNTAS INUSITADAS APROFUNDE
SUAS ENTREVISTAS CELEBRE INSTITUA ALGUM GRAU
DE ANARQUIA RECEBA AS PEGADINHAS DE BRAÇOS
ABERTOS CRIE UM REFÚGIO PARA SEUS TALENTOS CRIATIVOS
CRIE UM AMBIENTE JUSTO REFUGIE-SE NO ISOLAMENTO
DEFENDA AS MÁS IDEIAS CELEBRE OS FRACASSOS EXIJA
O RISCO RECOMPENSE AS PISADAS DE BOLA PROMOVA O
MENTORING TRATE OS COLABORADORES COMO ADULTOS
MONTE UMA CADEIA CRIATIVA MONTE UM ESPAÇO CRIATIVO
INSTITUA UM DIA DE DEMONSTRAÇÃO INCENTIVE O TDAH
MOSTRE UM POUCO DO QUE ESTÁ POR VIR APRENDA A
FALAR A LÍNGUA DA CRIATIVIDADE BRINCAR TAMBÉM
TEM SEU VALOR NEUTRALIZE A TURMA DO CONTRA
DOCUMENTE AS OBJEÇÕES POR ESCRITO LEVE SEU PESSOAL
CRIATIVO A LUGARES CRIATIVOS OS RICOS TAMBÉM
SÃO GENTE MUDE TODO DIA, TODA HORA **LANCE OS
DADOS** FUJA DOS PROCESSOS PERAMBULE PELA
WIKIPÉDIA NÃO CONTE COM A CONTABILIDADE INVENTE
FERIADOS INESPERADOS MISTURE TUDO TIRE UM COCHILO
CONCLUSÃO

45

Em 1971, o autor George Cockcroft, escrevendo sob o pseudônimo Lucas Rhinehart, publicou um romance supostamente autobiográfico intitulado *O homem dos dados*, no qual explicava como usou dados para tomar todas as decisões importantes de sua vida. Apesar do enorme sucesso do romance — a BBC chegou a incluí-lo na lista dos cinquenta livros mais influentes da última metade do século 20 —, a ideia de usar dados para tomar decisões importantes nunca chegou a pegar. (A menos que você conte um recente programa de viagens da Discovery Channel chamado *The Diceman*, no qual os anfitriões usavam dados para decidir aonde iriam e o que fariam.)

Acho que a ideia é boa e deveria ser adotada. Lançar dados para decidir o que fazer é uma ótima ideia. Por quê? Porque todos nós tendemos a censurar nossos interesses sem nos conscientizarmos disso. Por exemplo, se você for do tipo que faz listas de coisas a fazer, é provável que siga inconscientemente os mesmos padrões de sempre em resposta a essa lista de tarefas. Você pode priorizar as tarefas mais fáceis, mais interessantes ou para as quais você tem como recrutar ajuda. Não importa o que escolher, as suas escolhas refletem um padrão que você ditou por toda sua vida.

O que você não percebe é que, como todos nós tendemos a fazer as mesmas escolhas vez após vez, caímos nas nossas próprias rotinas. Essas rotinas e padrões não induzem criatividade. Rotinas nos levam a fazer as mesmas coisas, do mesmo jeito, vez após vez, formando um círculo vicioso.

Desse modo, encorajo as empresas a tentar usar os dados de vez em quando. Se você usar os dados como um dispositivo de escolha aleatória, eliminará a vontade e obterá um resultado diferente do que conseguiria de outra forma, quando ainda organizava sua vida de acordo com seus impulsos naturais.

Você também descobrirá que vem adiando certas tarefas sem estar plenamente consciente disso. Se delegar o poder aos dados, não poderá mais procrastinar.

Veja como uso essa técnica. Crio uma lista de possíveis tarefas e enumero os itens para corresponder à soma dos lados dos dados. Lanço os dados e, se o resultado for 12, me obrigo a fazer a tarefa número 12. Uso meu jogo de dados do *Dungeons and Dragons* porque eles têm vinte lados. Com isso, posso incluir na lista uma série de coisas que não quero fazer de jeito nenhum ou que nunca considerei importantes antes. No entanto, em muitas ocasiões, quando incluí esses itens incomuns na minha lista e os dados os selecionaram, descobri que realizar essas tarefas teve um efeito surpreendente e expressivo na minha vida.

A própria existência deste livro é um exemplo dos resultados da prática de lançar os dados. Não muito tempo atrás, decidi que precisava fazer alguma coisa para ocupar meu cérebro, para seguir em uma direção diferente. Então peguei meus dados e anotei as opções: praticar paraquedismo, escalar o Monte Kilimanjaro, passar um mês morando na Índia, estudar o meu jogo favorito (Go) com um professor no Japão, escrever um livro e assim por diante. Estava decidido a fazer o que os dados escolhessem para mim. Decidiram que eu deveria escrever um livro, e me propus a fazer isso acontecer.

LANCE OS DADOS

Adoro ver o que um lance de dados pode fazer. A nossa vida pode seguir por tantos caminhos diferentes... E mesmo assim mal nos conscientizamos deles. Precisamos explorar as possibilidades mais remotas e, se você tiver a coragem de fazê-lo, lance os dados e deixe que abram novas perspectivas de desenvolver suas competências e diversificar seus interesses. Lançar os dados aumentará exponencialmente a riqueza de sua vida.

I N T R O D U Ç Ã O
TRANSFORME O ESCRITÓRIO EM UM ANÚNCIO DA EMPRESA
ADOTE PONGS FLEXÍVEIS SEJA CRIATIVO EM SEUS ANÚNCIOS
PROCURE PAIXÃO E INTENSIDADE IGNORE AS CREDENCIAIS
INVESTIGUE OS HOBBIES PEÇA INDICAÇÕES A SEUS
COLABORADORES EVITE CONTRATAR CLONES CONTRATE
OS ANTIPÁTICOS CONTRATE OS LOUCOS ENCONTRE
VÍTIMAS DE BULLYING PROCURE OS "OLHEIROS" PERGUNTE
SOBRE LIVROS LEVE OS CANDIDATOS PARA VELEJAR
CONTRATE DEBAIXO DO SEU NARIZ VASCULHE O TWITTER
VISITE COMUNIDADES CRIATIVAS TOME CUIDADO COM OS
IMPOSTORES FAÇA PERGUNTAS INUSITADAS APROFUNDE
SUAS ENTREVISTAS CELEBRE INSTITUA ALGUM GRAU
DE ANARQUIA RECEBA AS PEGADINHAS DE BRAÇOS
ABERTOS CRIE UM REFÚGIO PARA SEUS TALENTOS CRIATIVOS
CRIE UM AMBIENTE JUSTO REFUGIE-SE NO ISOLAMENTO
DEFENDA AS MÁS IDEIAS CELEBRE OS FRACASSOS EXIJA
O RISCO RECOMPENSE AS PISADAS DE BOLA PROMOVA O
MENTORING TRATE OS COLABORADORES COMO ADULTOS
MONTE UMA CADEIA CRIATIVA MONTE UM ESPAÇO CRIATIVO
INSTITUA UM DIA DE DEMONSTRAÇÃO INCENTIVE O TDAH
MOSTRE UM POUCO DO QUE ESTÁ POR VIR APRENDA A
FALAR A LÍNGUA DA CRIATIVIDADE BRINCAR TAMBÉM
TEM SEU VALOR NEUTRALIZE A TURMA DO CONTRA
DOCUMENTE AS OBJEÇÕES POR ESCRITO LEVE SEU PESSOAL
CRIATIVO A LUGARES CRIATIVOS OS RICOS TAMBÉM
SÃO GENTE MUDE TODO DIA, TODA HORA LANCE OS
DADOS **FUJA DOS PROCESSOS** PERAMBULE PELA
WIKIPÉDIA NÃO CONTE COM A CONTABILIDADE INVENTE
FERIADOS INESPERADOS MISTURE TUDO TIRE UM COCHILO
C O N C L U S Ã O

46

Ao longo de seu longo percurso — se vocês tiverem a sorte de ter um longo percurso —, toda empresa desenvolve um malabarismo entre processos e resultados. Essa realidade corrobora a regra das consequências inesperadas, segundo a qual ações bem-intencionadas e propositadas muitas vezes podem gerar resultados completamente surpreendentes. O conceito existe desde que os humanos começaram a planejar, mas foi popularizado no século passado pelo sociólogo Robert K. Merton. No caso das empresas modernas, a regra pode ser adaptada como: quanto mais vocês desenvolverem a estrutura organizacional, maiores são as chances de seus processos se tornarem contraproducentes. Se não fosse assim, todos os processos do mundo seriam proveitosos e bons. Mas não é o caso.

Por exemplo, se sua empresa instituir uma regra segundo a qual todas as compras devem ser processadas pelo departamento de compras, vocês podem estar acrescentando uns cinco dias por mês ao ciclo de compras. Se alguém na empresa precisar de uma peça com urgência, terá de preencher um formulário e esperar que o formulário passe pelos canais apropriados, em vez de simplesmente ir até a loja ou entrar na internet e comprar a peça usando o caixa de seu departamento.

Por outro lado, quando a pessoa compra a peça pelo departamento de compras, consegue um preço melhor, porque o departamento provavelmente passou um bom tempo negociando com a cadeia de suprimentos da empresa. No entanto, quando finalmente recebe a peça, vocês já perderam duas semanas.

É preciso manter um equilíbrio sensato entre as necessidades do pessoal criativo e a necessidade de ter processos. A empresa ficará paralisada se as pessoas forem obrigadas a gastar três dólares em papelada, mais cinco semanas, para comprar um lápis de dez centavos.

Quer ver um exemplo disso? Durante uma das minhas caminhadas semanais pelos corredores da Atari, descobri que um produto estava atrasado para nossa feira comercial de outubro. A cada semana que passava, o projeto atrasava mais. Investigando o atraso, descobri que um engenheiro tinha queimado uma peça crucial que custava 15 centavos de dólar.

Acontece que os distribuidores estavam com um problema de falta de estoque e não tinham as grandes quantidades que normalmente comprávamos. O departamento de compras tinha se limitado a fazer o pedido e esperar de braços cruzados, porque um dos nossos novos gestores disse aos engenheiros que precisariam necessariamente comprar as peças por meio do departamento de compras, sem exceções. O resultado involuntário dessa nova regra foi atrasar o projeto mais de duas semanas, com a feira comercial se aproximando cada vez mais. Enquanto isso, era possível comprar a peça em uma loja de varejo, a poucos quarteirões do escritório.

Esse tipo de cenário se agravava em situações nas quais a peça era nova e ainda não tinha entrado no nosso sistema de compras regulares. Nesses casos, o departamento de compras podia entrar em prolongadas negociações para comprar em grandes quantidades antes de fazer o pedido para a peça, acrescentando um mês inteiro ao desenvolvimento de novos protótipos.

Não há problema algum em ter processos. Mas processos que impedem o crescimento são um problema.

FUJA DOS PROCESSOS

Ao contratar gestores de fora da empresa, saiba que o primeiro impulso deles é seguir os processos da empresa anterior. Será necessário fazê-los entender que esses processos antigos não são necessários nem valiosos. Não é tarefa fácil. É muito mais comum as pessoas quererem instaurar processos do que se livrar deles.

Os gerentes não são maus: só querem resolver os problemas de modo a impedir sua reincidência. Infelizmente, os procedimentos que instauram podem ser excessivamente precisos e gerar algum tipo de custo oculto. Como mencionei, normalmente os custos dos processos se traduzem em termos de perda de agilidade e criatividade individual. Muitas vezes, o custo dos processos é maior que a economia esperada.

Na Atari, quase todas as pessoas vieram de alguma empresa que tinha mais processos do que nós. Então, quando os novos contratados queriam instituir mais processos na nossa organização, eu sempre perguntava: "Como isso vai acelerar o nosso ciclo?". Normalmente ficavam desconcertados com a pergunta. Quase sempre eram capazes de dizer como o processo poderia poupar dinheiro, mas raramente sabiam dizer como isso aceleraria as coisas.

Hoje os mercados exigem velocidade. A velocidade é mais importante que todo o resto. Não importa se vocês trabalham em marketing, produção, em um setor de serviços ou qualquer outro negócio. Dado o ritmo incrivelmente rápido da inovação e da mudança, se não se focarem na velocidade, vocês morrerão na praia. Criatividade sem velocidade é inútil. As velhas regras e procedimentos operacionais padrão não são propícios à inovação.

I N T R O D U Ç Ã O
TRANSFORME O ESCRITÓRIO EM UM ANÚNCIO DA EMPRESA
ADOTE PONGS FLEXÍVEIS SEJA CRIATIVO EM SEUS ANÚNCIOS
PROCURE PAIXÃO E INTENSIDADE IGNORE AS CREDENCIAIS
INVESTIGUE OS HOBBIES PEÇA INDICAÇÕES A SEUS
COLABORADORES EVITE CONTRATAR CLONES CONTRATE
OS ANTIPÁTICOS CONTRATE OS LOUCOS ENCONTRE
VÍTIMAS DE BULLYING PROCURE OS "OLHEIROS" PERGUNTE
SOBRE LIVROS LEVE OS CANDIDATOS PARA VELEJAR
CONTRATE DEBAIXO DO SEU NARIZ VASCULHE O TWITTER
VISITE COMUNIDADES CRIATIVAS TOME CUIDADO COM OS
IMPOSTORES FAÇA PERGUNTAS INUSITADAS APROFUNDE
SUAS ENTREVISTAS CELEBRE INSTITUA ALGUM GRAU
DE ANARQUIA RECEBA AS PEGADINHAS DE BRAÇOS
ABERTOS CRIE UM REFÚGIO PARA SEUS TALENTOS CRIATIVOS
CRIE UM AMBIENTE JUSTO REFUGIE-SE NO ISOLAMENTO
DEFENDA AS MÁS IDEIAS CELEBRE OS FRACASSOS EXIJA
O RISCO RECOMPENSE AS PISADAS DE BOLA PROMOVA O
MENTORING TRATE OS COLABORADORES COMO ADULTOS
MONTE UMA CADEIA CRIATIVA MONTE UM ESPAÇO CRIATIVO
INSTITUA UM DIA DE DEMONSTRAÇÃO INCENTIVE O TDAH
MOSTRE UM POUCO DO QUE ESTÁ POR VIR APRENDA A
FALAR A LÍNGUA DA CRIATIVIDADE BRINCAR TAMBÉM
TEM SEU VALOR NEUTRALIZE A TURMA DO CONTRA
DOCUMENTE AS OBJEÇÕES POR ESCRITO LEVE SEU PESSOAL
CRIATIVO A LUGARES CRIATIVOS OS RICOS TAMBÉM
SÃO GENTE MUDE TODO DIA, TODA HORA LANCE OS
DADOS FUJA DOS PROCESSOS **PERAMBULE PELA**
WIKIPÉDIA NÃO CONTE COM A CONTABILIDADE INVENTE
FERIADOS INESPERADOS MISTURE TUDO TIRE UM COCHILO
C O N C L U S Ã O

47

Com muita frequência, fico sabendo de empresas que impedem seus colaboradores de navegar livremente pela internet. Preste atenção no trabalho! Não caia na armadilha da internet!

Isso é um equívoco.

O pessoal criativo não pode passar o tempo todo focado em um problema criativo que você quer que resolvam. Quanto mais a mente deles puder perambular, maiores serão as chances de sua criatividade fluir (veja o pong 36).

Uma das melhores maneiras de fazer isso é incentivar passeios aleatórios pela Wikipédia, a enciclopédia online que tem mais conhecimento armazenado do que qualquer outro lugar do mundo. Pense na Wikipédia como um dicionário de sinônimos para o conhecimento: da mesma forma como você consultaria um dicionário de sinônimos para encontrar uma palavra nova e diferente, a Wikipédia lhe possibilita descobrir temas novos e diferentes.

Digamos que você esteja pensando em usar arte abstrata em um projeto de marketing. Navegando pela Wikipédia, você vê um link para a linguagem visual, algo que não tinha pensado antes. Isso o leva à psicologia da Gestalt, o que, por sua vez, leva à cibernética. A próxima parada é a inteligência artificial, e de repente você encontra um novo jeito de criar uma campanha publicitária com base em teorias que não tinha imaginado antes de sair em um passeio pela Wikipédia.

A criatividade raramente é quantificável do mesmo modo como os números. Qualquer produto ou projeto envolve incontáveis fatores, alguns óbvios e outros nem tanto. Se estivéssemos falando sobre mecânica quântica, diríamos que há uma nuvem de possibilidades ao redor de qualquer entidade. Isso também se aplica às ideias. Há uma nuvem de resultados probabilísticos em torno de qualquer ideia, que pode ser vinculada a qualquer uma de suas partes constituintes, seja ela sua cor, forma, funcionalidade ou os sentimentos evocados.

Às vezes as possibilidades oblíquas, aquelas que se localizam nas margens externas da nuvem, e não no centro, podem ser as mais esclarecedoras. Você ganha uma nova perspectiva, analisa o projeto a partir de ângulos diferentes e, de repente, passa a enxergar caminhos até então invisíveis.

Deixe o seu pessoal criativo explorar as nuvens de possibilidades ao redor de qualquer projeto, incentivando-os a perambular pela Wikipédia ou qualquer outro site parecido. Dessa forma, você os incentiva a vislumbrar uma perspectiva mais ampla e a analisar as possibilidades oblíquas.

Tente você mesmo algumas vezes. Você se surpreenderá com a riqueza de ideias que um passeio aleatório pode proporcionar.

Perambulando por um museu

Se tiver a sorte de ter por perto o equivalente à Wikipédia na vida real, como um excelente museu, perambule por ele também.

Aprendi esse truque com Steve Jobs. Um dia, nos idos da década de 1980, estava em Nova York andando pela Quinta Avenida, a caminho do Museu Whitney de Arte Americana, quando vi Steve saindo de um táxi. Embora nós dois soubéssemos que o outro preferia visitar museus sozinho pela liberdade de poder parar ou avançar sem qualquer tipo de pressão, decidimos visitar o Whitney juntos.

Logo descobri que Steve, como eu, via os museus de arte moderna com uma excelente fonte de inspiração criativa. Gostávamos das obras verdadeiramente imaginativas e odiávamos aquelas que considerávamos mero lixo enaltecido. A única diferença entre nós era que Steve gostava de coisas muito simples enquanto eu gostava de uma arte mais complexa. Como sempre, Steve era atraído pela simplicidade elegante e disse que queria que toda sua equipe fosse visitar uma seção específica, onde a arte era a mais simples e pura possível.

Steve também contou que tinha visitado o Metropolitan Museum no dia anterior e que seus cadernos estavam repletos de ideias para resolver problemas de marketing e design nos quais vinha trabalhando. Nunca descobri exatamente quais obras de arte inspiraram essas anotações. Mas o que sei é que um passeio aleatório por um museu pode inspirar qualquer pessoa.

I N T R O D U Ç Ã O *TRANSFORME O ESCRITÓRIO EM UM ANÚNCIO DA EMPRESA ADOTE PONGS FLEXÍVEIS SEJA CRIATIVO EM SEUS ANÚNCIOS PROCURE PAIXÃO E INTENSIDADE IGNORE AS CREDENCIAIS INVESTIGUE OS HOBBIES PEÇA INDICAÇÕES A SEUS COLABORADORES EVITE CONTRATAR CLONES CONTRATE OS ANTIPÁTICOS CONTRATE OS LOUCOS ENCONTRE VÍTIMAS DE BULLYING PROCURE OS "OLHEIROS" PERGUNTE SOBRE LIVROS LEVE OS CANDIDATOS PARA VELEJAR CONTRATE DEBAIXO DO SEU NARIZ VASCULHE O TWITTER VISITE COMUNIDADES CRIATIVAS TOME CUIDADO COM OS IMPOSTORES FAÇA PERGUNTAS INUSITADAS APROFUNDE SUAS ENTREVISTAS CELEBRE INSTITUA ALGUM GRAU DE ANARQUIA RECEBA AS PEGADINHAS DE BRAÇOS ABERTOS CRIE UM REFÚGIO PARA SEUS TALENTOS CRIATIVOS CRIE UM AMBIENTE JUSTO REFUGIE-SE NO ISOLAMENTO DEFENDA AS MÁS IDEIAS CELEBRE OS FRACASSOS EXIJA O RISCO RECOMPENSE AS PISADAS DE BOLA PROMOVA O MENTORING TRATE OS COLABORADORES COMO ADULTOS MONTE UMA CADEIA CRIATIVA MONTE UM ESPAÇO CRIATIVO INSTITUA UM DIA DE DEMONSTRAÇÃO INCENTIVE O TDAH MOSTRE UM POUCO DO QUE ESTÁ POR VIR APRENDA A FALAR A LÍNGUA DA CRIATIVIDADE BRINCAR TAMBÉM TEM SEU VALOR NEUTRALIZE A TURMA DO CONTRA DOCUMENTE AS OBJEÇÕES POR ESCRITO LEVE SEU PESSOAL CRIATIVO A LUGARES CRIATIVOS OS RICOS TAMBÉM SÃO GENTE MUDE TODO DIA, TODA HORA LANCE OS DADOS FUJA DOS PROCESSOS PERAMBULE PELA WIKIPÉDIA* **NÃO CONTE COM A CONTABILIDADE** *INVENTE FERIADOS INESPERADOS MISTURE TUDO TIRE UM COCHILO C O N C L U S Ã O*

48

Pessoas criativas vivem reclamando do pessoal da contabilidade. Em geral, têm bons motivos para reclamar. De quando em quando você vai deparar com um contador que sabe que o negócio é mais do que apenas números. Valorize essas pessoas, pois elas são raras.

O mais comum é encontrar contadores verdadeiramente hostis à criatividade. Isso não é uma crítica à personalidade deles ou à capacidade de conviver com os outros, mas simplesmente uma reflexão sobre a meta dos contabilistas de meia-tigela: controle o dinheiro cuidadosamente e aloque-o miseravelmente. A criatividade não interessa a essas pessoas obcecadas pelos números. O que interessa é o retorno imediato sobre o investimento. Tente dizer a um contador que sua nova ideia fantástica provavelmente renderá à empresa uma fortuna... algum dia. Só que você não sabe quando. Não vai funcionar.

Em geral, departamentos encarregados das finanças têm mais controle sobre as operações das empresas do que deveria. São os cães de guarda do dinheiro. O cheque só sai com o aval deles. Às vezes não dão seu aval por boas razões. Outras vezes não dão seu aval por razões ruins. Às vezes, não dizem nada por não terem autorização ou a papelada necessária. Mas eles nunca o informam disso. E você é deixado a esperar interminavelmente. Por nada.

Notei que as pessoas que iniciam a carreira nas finanças em geral são tóxicas para a inovação. Usam jargões financeiros para serem levadas a sério e gostam de rotular uma nova iniciativa como dispendiosa ou financeiramente arriscada demais antes mesmo ouvir os detalhes da proposta. E, com muita frequência, quando uma empresa está em dificuldades, o conselho de administração tende a dar mais poderes ao diretor financeiro. Isso não costuma ser uma boa solução. Se tudo se limitar a reduzir custos, todas as novas ideias já nascem mortas.

Por todas essas razões, se houver algum grupo com maiores chances de sufocar o fluxo de um projeto criativo, esse grupo é a contabilidade. (Logo atrás vem o departamento de compras e o de RH.) Você só precisa de um pouco mais de fundos para concretizar sua ideia e precisa deles logo para lançar o produto no mercado antes dos concorrentes. O pessoal de finanças declara que não tem como alocar mais verbas por um ano. E você perde a batalha.

Não estou dizendo que sua empresa não deve ter contadores. Ela deve. Eles são uma parte essencial de qualquer organização. Mas se certifique de que os contadores e o pessoal criativo cuidem do próprio trabalho e que esses dois grupos avancem lado a lado, em vez de entrar no caminho um do outro. Se a contabilidade impedir a criatividade, seu futuro será refreado.

Meu conselho para a contabilidade: mantenha em mente que todos os novos projetos são financeiramente arriscados. Acostume-se com isso. Encontre maneiras de testar e minimizar as incógnitas. Deixe a criatividade fluir e resolva os problemas de maneiras inusitadas.

I N T R O D U Ç Ã O
TRANSFORME O ESCRITÓRIO EM UM ANÚNCIO DA EMPRESA ADOTE PONGS FLEXÍVEIS SEJA CRIATIVO EM SEUS ANÚNCIOS PROCURE PAIXÃO E INTENSIDADE IGNORE AS CREDENCIAIS INVESTIGUE OS HOBBIES PEÇA INDICAÇÕES A SEUS COLABORADORES EVITE CONTRATAR CLONES CONTRATE OS ANTIPÁTICOS CONTRATE OS LOUCOS ENCONTRE VÍTIMAS DE BULLYING PROCURE OS "OLHEIROS" PERGUNTE SOBRE LIVROS LEVE OS CANDIDATOS PARA VELEJAR CONTRATE DEBAIXO DO SEU NARIZ VASCULHE O TWITTER VISITE COMUNIDADES CRIATIVAS TOME CUIDADO COM OS IMPOSTORES FAÇA PERGUNTAS INUSITADAS APROFUNDE SUAS ENTREVISTAS CELEBRE INSTITUA ALGUM GRAU DE ANARQUIA RECEBA AS PEGADINHAS DE BRAÇOS ABERTOS CRIE UM REFÚGIO PARA SEUS TALENTOS CRIATIVOS CRIE UM AMBIENTE JUSTO REFUGIE-SE NO ISOLAMENTO DEFENDA AS MÁS IDEIAS CELEBRE OS FRACASSOS EXIJA O RISCO RECOMPENSE AS PISADAS DE BOLA PROMOVA O MENTORING TRATE OS COLABORADORES COMO ADULTOS MONTE UMA CADEIA CRIATIVA MONTE UM ESPAÇO CRIATIVO INSTITUA UM DIA DE DEMONSTRAÇÃO INCENTIVE O TDAH MOSTRE UM POUCO DO QUE ESTÁ POR VIR APRENDA A FALAR A LÍNGUA DA CRIATIVIDADE BRINCAR TAMBÉM TEM SEU VALOR NEUTRALIZE A TURMA DO CONTRA DOCUMENTE AS OBJEÇÕES POR ESCRITO LEVE SEU PESSOAL CRIATIVO A LUGARES CRIATIVOS OS RICOS TAMBÉM SÃO GENTE MUDE TODO DIA, TODA HORA LANCE OS DADOS FUJA DOS PROCESSOS PERAMBULE PELA WIKIPÉDIA NÃO CONTE COM A CONTABILIDADE **INVENTE FERIADOS INESPERADOS** *MISTURE TUDO TIRE UM COCHILO*
C O N C L U S Ã O

49

Sempre que uma cultura corporativa vai de vento em popa, algum problema inesperado pode surgir. Enquanto algumas empresas reclamam que seus colaboradores não estão se empenhando o suficiente, o sucesso pode criar uma situação na qual eles se empenhem demais. Pode não parecer, mas isso é um problema. O sucesso muitas vezes cria uma cultura na qual as pessoas são motivadas a criar ainda mais sucesso... e mais... e mais... Até que um dia a empresa fica cada vez mais conhecida por contratar colaboradores dispostos a se empenhar mais... e mais... e mais...

Quando as pessoas se empenham demais, ficam fatigadas, cometem erros e perdem o equilíbrio.

Elas também perdem a perspectiva, a capacidade de separar os grandes dos pequenos problemas. Tudo parece opressivo, criando tensão e ansiedade: dois grandes inimigos da criatividade.

Acima de tudo, o que distingue o pessoal criativo dos outros é seu extraordinário discernimento. A capacidade de discernimento é, contudo, uma ferramenta delicada e é mais eficaz quando acompanhada de um sono restaurador, uma boa comida e tranquilidade.

Você não quer que seu pessoal criativo perca o discernimento. A miopia pela fadiga é uma das piores coisas que podem acontecer a uma equipe criativa sobrecarregada.

Normalmente, depois de uma feira comercial ou um período de trabalho particularmente difícil, eu gostava de anunciar, com alguns dias de antecedência, que a empresa ficaria fechada na próxima segunda ou sexta-feira. Os colaboradores adoravam esses dias de folga — até mais que os feriados do calendário — pelo fato de serem inesperados. Para dar uma pitada de originalidade à surpresa, às vezes associava o dia ao aniversário de uma figura eminente e anunciava que teríamos um dia de folga para celebrar, por exemplo, o nascimento de Blaise Pascal, e sugeria que as pessoas pesquisassem sobre ele.

Há outras maneiras de surpreender e encantar seu pessoal criativo. Certa vez, fretei um Boeing 727 e levei todo mundo à Disneylândia. Foi uma chance de esquecer a vida adulta por um dia e nos conectar como se fôssemos crianças. Foi uma farra.

Nos dias de hoje, as boas empresas competem entre si por maneiras de manter seus talentos criativos felizes e revigorados. Muitas empresas do Vale do Silício alugam um cinema para levar seus colaboradores à pré-estreia de um filme, à meia-noite. A Imagination Publishing, uma agência de marketing sediada em Chicago, dá dias de folga aleatórios para a empresa toda, notificando as equipes em um e-mail inesperado. Recentemente, numa segunda-feira, a empresa liberou os colaboradores algumas horas mais cedo para que pudessem ir para casa assistir ao jogo do Chicago Bears. Outras empresas simplesmente permitem que seus colaboradores criem os próprios feriados aleatórios, como a Netflix, que dá a seu pessoal férias remuneradas e ilimitadas (e afirma que a prática melhora a produtividade e o equilíbrio entre a vida profissional e pessoal). Estima-se que 1% das empresas norte-americanas possuem uma política de férias ilimitadas.

Seja criativo. Invente feriados sempre que lhe der na telha. Faça que sejam específicos à sua empresa. Se você trabalhar em uma agência publicitária, dê um dia de folga se um dos seus anúncios se transformar em um fenômeno viral. Se vocês atuarem no setor de tecnologia, pense em recompensar seus colaboradores por uma redução no número de devoluções ou um aumento da venda total de um produto. Deixe que todos curtam a alegria da vitória.

INTRODUÇÃO TRANSFORME O ESCRITÓRIO EM UM ANÚNCIO DA EMPRESA ADOTE PONGS FLEXÍVEIS SEJA CRIATIVO EM SEUS ANÚNCIOS PROCURE PAIXÃO E INTENSIDADE IGNORE AS CREDENCIAIS INVESTIGUE OS HOBBIES PEÇA INDICAÇÕES A SEUS COLABORADORES EVITE CONTRATAR CLONES CONTRATE OS ANTIPÁTICOS CONTRATE OS LOUCOS ENCONTRE VÍTIMAS DE BULLYING PROCURE OS "OLHEIROS" PERGUNTE SOBRE LIVROS LEVE OS CANDIDATOS PARA VELEJAR CONTRATE DEBAIXO DO SEU NARIZ VASCULHE O TWITTER VISITE COMUNIDADES CRIATIVAS TOME CUIDADO COM OS IMPOSTORES FAÇA PERGUNTAS INUSITADAS APROFUNDE SUAS ENTREVISTAS CELEBRE INSTITUA ALGUM GRAU DE ANARQUIA RECEBA AS PEGADINHAS DE BRAÇOS ABERTOS CRIE UM REFÚGIO PARA SEUS TALENTOS CRIATIVOS CRIE UM AMBIENTE JUSTO REFUGIE-SE NO ISOLAMENTO DEFENDA AS MÁS IDEIAS CELEBRE OS FRACASSOS EXIJA O RISCO RECOMPENSE AS PISADAS DE BOLA PROMOVA O MENTORING TRATE OS COLABORADORES COMO ADULTOS MONTE UMA CADEIA CRIATIVA MONTE UM ESPAÇO CRIATIVO INSTITUA UM DIA DE DEMONSTRAÇÃO INCENTIVE O TDAH MOSTRE UM POUCO DO QUE ESTÁ POR VIR APRENDA A FALAR A LÍNGUA DA CRIATIVIDADE BRINCAR TAMBÉM TEM SEU VALOR NEUTRALIZE A TURMA DO CONTRA DOCUMENTE AS OBJEÇÕES POR ESCRITO LEVE SEU PESSOAL CRIATIVO A LUGARES CRIATIVOS OS RICOS TAMBÉM SÃO GENTE MUDE TODO DIA, TODA HORA LANCE OS DADOS FUJA DOS PROCESSOS PERAMBULE PELA WIKIPÉDIA NÃO CONTE COM A CONTABILIDADE INVENTE FERIADOS INESPERADOS **MISTURE TUDO** TIRE UM COCHILO *CONCLUSÃO*

50

Um dia, no final do outono de 1977, a Atari se viu com o tipo de problema que a maioria das pessoas invejaria: encomendas demais. Como não tínhamos um número suficiente de trabalhadores do turno da noite para processar todos os pedidos urgentes de Natal, decidimos que, durante duas semanas, todos os colaboradores se encarregariam de novas tarefas, além das funções normais. O plano era começar o expediente no final da tarde, fazer o que precisava ser feito em uma hora e, em seguida, se encarregar do plantão noturno na linha de produção.

Aquelas duas semanas não só acabaram sendo uma grande farra, como também melhoraram nosso produto. Na linha de produção, pela primeira vez os engenheiros puderam ver como os produtos resultantes de suas ideias eram efetivamente montados. Por exemplo, ainda que fosse ineficiente ter um parafuso que levava mais de três voltas para ser apertado, os engenheiros descobriram que alguns deles eram aparafusados com dez ou mais voltas. Resolveram esse problema e também fizeram mais de 150 outras alterações. Enquanto isso, o pessoal de vendas descobriu muitas novas maneiras de vender o produto com base no que aprendeu na linha de montagem, e as vendas aumentaram. Os contadores também estavam atentos e encontraram novas maneiras de poupar dinheiro.

Todo mundo também aprendeu a valorizar o pessoal do chão de fábrica, porque os executivos só conseguiram produzir cerca de

70% do que os operários da linha de produção normalmente produziam em um turno. Alguns dos executivos achavam que o pessoal da linha de montagem vinha vadiando, mas logo viram que os operários tinham desenvolvido uma economia de movimentos que, por mais que tentassem, os executivos não conseguiram descobrir como reproduzir. Todo mundo passou a respeitar mais os outros, e a criatividade decolou.

Diante do enorme sucesso desse experimento, decidimos repeti-lo também em outras empresas. Na Chuck E. Cheese's, por exemplo, todo mundo tinha de passar pelo menos três dias (às vezes até uma semana) fazendo pizza quando entrava na empresa e voltava a pôr as mãos na massa uma vez por ano.

Experimente você mesmo e veja o que acontece. Leve seu pessoal criativo ao campo com o pessoal de vendas. Convide seus contadores para comparecer a uma reunião criativa. Envie seus gestores a um distribuidor em outra cidade ou a um posto avançado de baixo desempenho. Oscar Dystel, um dos maiores editores de livros da história da indústria editorial, costumava pedir que seus editores da Bantam Books acompanhassem o pessoal de vendas nas visitas aos livreiros para ajudá-los a expandir seu entendimento do mercado e para dar aos vendedores a chance de dizer aos editores o que achavam de suas escolhas editoriais.

I N T R O D U Ç Ã O TRANSFORME O ESCRITÓRIO EM UM ANÚNCIO DA EMPRESA ADOTE PONGS FLEXÍVEIS SEJA CRIATIVO EM SEUS ANÚNCIOS PROCURE PAIXÃO E INTENSIDADE IGNORE AS CREDENCIAIS INVESTIGUE OS HOBBIES PEÇA INDICAÇÕES A SEUS COLABORADORES EVITE CONTRATAR CLONES CONTRATE OS ANTIPÁTICOS CONTRATE OS LOUCOS ENCONTRE VÍTIMAS DE BULLYING PROCURE OS "OLHEIROS" PERGUNTE SOBRE LIVROS LEVE OS CANDIDATOS PARA VELEJAR CONTRATE DEBAIXO DO SEU NARIZ VASCULHE O TWITTER VISITE COMUNIDADES CRIATIVAS TOME CUIDADO COM OS IMPOSTORES FAÇA PERGUNTAS INUSITADAS APROFUNDE SUAS ENTREVISTAS CELEBRE INSTITUA ALGUM GRAU DE ANARQUIA RECEBA AS PEGADINHAS DE BRAÇOS ABERTOS CRIE UM REFÚGIO PARA SEUS TALENTOS CRIATIVOS CRIE UM AMBIENTE JUSTO REFUGIE-SE NO ISOLAMENTO DEFENDA AS MÁS IDEIAS CELEBRE OS FRACASSOS EXIJA O RISCO RECOMPENSE AS PISADAS DE BOLA PROMOVA O MENTORING TRATE OS COLABORADORES COMO ADULTOS MONTE UMA CADEIA CRIATIVA MONTE UM ESPAÇO CRIATIVO INSTITUA UM DIA DE DEMONSTRAÇÃO INCENTIVE O TDAH MOSTRE UM POUCO DO QUE ESTÁ POR VIR APRENDA A FALAR A LÍNGUA DA CRIATIVIDADE BRINCAR TAMBÉM TEM SEU VALOR NEUTRALIZE A TURMA DO CONTRA DOCUMENTE AS OBJEÇÕES POR ESCRITO LEVE SEU PESSOAL CRIATIVO A LUGARES CRIATIVOS OS RICOS TAMBÉM SÃO GENTE MUDE TODO DIA, TODA HORA LANCE OS DADOS FUJA DOS PROCESSOS PERAMBULE PELA WIKIPÉDIA NÃO CONTE COM A CONTABILIDADE INVENTE FERIADOS INESPERADOS MISTURE TUDO **TIRE UM COCHILO** C O N C L U S Ã O

51

O sono é uma das funções essenciais, mais importantes e estudadas da raça humana. E uma das mais ignoradas pelas empresas.

A ideia de que os seres humanos devem passar o dia inteiro acordados e dormir por oito horas durante a noite é um conceito moderno, inventado com o advento da medição precisa do tempo, por gestores sempre de olho no relógio e pela indústria de colchões. Por quase toda sua história, os seres humanos na verdade foram polifásicos no que se refere a dormir, dormindo em vários períodos ao longo de um dia de 24 horas. Até recentemente, os seres humanos eram pelo menos bifásicos, cochilando durante o dia e dormindo à noite.

Sim, todos nós devemos ter cerca de sete a nove horas de sono por dia, mas não precisa ser de uma vez só. Só precisa ser ao longo de um período de 24 horas.

Acredito que tirar uma soneca durante pelo menos uma pequena parte da tarde aumenta a produtividade e revigora a cabeça. Muitas empresas japonesas tradicionalmente oferecem instalações para os colaboradores fazerem a sesta. Também na América, as empresas mais inovadoras estão montando salas de sesta com colchonetes e um ambiente escuro para cochilos ou para os colaboradores que quiserem ficar até tarde da noite — ou a noite inteira — e precisam de um lugar para dormir. Empresas como a Cisco Systems, a Procter & Gamble e o Google chegaram a comprar Energy Pods — uma espécie de casulo reclinável especial que bloqueia o som e a luz — para os colaboradores poderem tirar um cochilo quando precisarem.

Como mencionei, Steve Jobs levava um futon ao escritório, e não era raro encontrá-lo dormindo debaixo de sua mesa. Muitos outros colaboradores criativos meus também apresentavam máximo desempenho quando podiam dormir quando o corpo pedia, e não necessariamente de acordo com as demandas da jornada de trabalho.

Quer ouvir uma pequena prova disso? Um estudo de 2004 escrito na revista *Nature* pelos neurocientistas Ullrich Wagner e Jan Born constatou que períodos aleatórios de sono REM (movimento rápido dos olhos) aumentavam as habilidades de resolução de problemas em 40%. Um estudo de 2009 da University of California, em San Diego, conduzida pela mentora do sono Sara Mednick e colegas e publicada no periódico *Proceedings of the National Academy of Sciences of the United States of America*, constatou resultados semelhantes. Além disso, um estudo recente da NASA revelou que uma soneca de 26 minutos aumentou em 34% o desempenho de um piloto. Quer mais? Procure no Google "sono e produtividade", e a ferramenta de busca retornará cerca de um milhão de resultados.

Então eis o que você precisa para ajudar seus talentos criativos a atingir seu pleno potencial: camas. Colchonetes. Salas escuras. Máscaras de dormir. Tampões de ouvido. Quanto tempo as pessoas precisam cochilar? As necessidades de sono diferem de uma pessoa à outra. Mas pense que o sono tem cinco estágios: fase 1, fase 2, sono de ondas lentas (também chamado de SWS, compreendendo as fases 3 e 4) e a quinta fase, o REM. Ao tirar um cochilo, devemos chegar pelo menos à segunda fase, a fase responsável por intensificar o estado de alerta e que ocorre no início do ciclo de sono, depois de dois a cinco minutos na primeira fase do sono. Para passar desse ponto, é preciso dormir por mais tempo. O sono SWS começa depois de vinte minutos e o sono REM, que ajuda a melhorar a memória e a percepção, só começa depois (um ciclo de sono completo leva cerca de uma hora e meia).

Espero que você não tenha pegado no sono lendo este livro. Mas se, você estiver lendo no meio do dia, essa talvez não seja uma ideia tão ruim assim.

I N T R O D U Ç Ã O
TRANSFORME O ESCRITÓRIO EM UM ANÚNCIO DA EMPRESA ADOTE PONGS FLEXÍVEIS SEJA CRIATIVO EM SEUS ANÚNCIOS PROCURE PAIXÃO E INTENSIDADE IGNORE AS CREDENCIAIS INVESTIGUE OS HOBBIES PEÇA INDICAÇÕES A SEUS COLABORADORES EVITE CONTRATAR CLONES CONTRATE OS ANTIPÁTICOS CONTRATE OS LOUCOS ENCONTRE VÍTIMAS DE BULLYING PROCURE OS "OLHEIROS" PERGUNTE SOBRE LIVROS LEVE OS CANDIDATOS PARA VELEJAR CONTRATE DEBAIXO DO SEU NARIZ VASCULHE O TWITTER VISITE COMUNIDADES CRIATIVAS TOME CUIDADO COM OS IMPOSTORES FAÇA PERGUNTAS INUSITADAS APROFUNDE SUAS ENTREVISTAS CELEBRE INSTITUA ALGUM GRAU DE ANARQUIA RECEBA AS PEGADINHAS DE BRAÇOS ABERTOS CRIE UM REFÚGIO PARA SEUS TALENTOS CRIATIVOS CRIE UM AMBIENTE JUSTO REFUGIE-SE NO ISOLAMENTO DEFENDA AS MÁS IDEIAS CELEBRE OS FRACASSOS EXIJA O RISCO RECOMPENSE AS PISADAS DE BOLA PROMOVA O MENTORING TRATE OS COLABORADORES COMO ADULTOS MONTE UMA CADEIA CRIATIVA MONTE UM ESPAÇO CRIATIVO INSTITUA UM DIA DE DEMONSTRAÇÃO INCENTIVE O TDAH MOSTRE UM POUCO DO QUE ESTÁ POR VIR APRENDA A FALAR A LÍNGUA DA CRIATIVIDADE BRINCAR TAMBÉM TEM SEU VALOR NEUTRALIZE A TURMA DO CONTRA DOCUMENTE AS OBJEÇÕES POR ESCRITO LEVE SEU PESSOAL CRIATIVO A LUGARES CRIATIVOS OS RICOS TAMBÉM SÃO GENTE MUDE TODO DIA, TODA HORA LANCE OS DADOS FUJA DOS PROCESSOS PERAMBULE PELA WIKIPÉDIA NÃO CONTE COM A CONTABILIDADE INVENTE FERIADOS INESPERADOS MISTURE TUDO TIRE UM COCHILO
C O N C L U S Ã O

52

"A melhor maneira de prever o futuro é inventá-lo você mesmo."
Alan Kay, cientista da computação

Se você conseguir corrigir a burocracia da sua empresa, se puder simplificar sua cadeia criativa, se for capaz de criar um ambiente de trabalho onde a inovação é recompensada e onde o pessoal do contra não recebe poder, se puderem celebrar, brincar e seguir muitos dos outros pongs propostos neste livro, terá grandes chances de criar um ambiente de trabalho propício à criatividade. Nesse caso, o próximo Steve Jobs já pode se candidatar a uma vaga na sua empresa.

Você pode até descobrir que os próximos Steves Jobs já estão trabalhando para você — mas, se for o caso, são boas as chances de estarem definhando sob o peso da hierarquia da empresa, de a inspiração deles estar sendo destruída pela equipe de gestão, pela falta de apoio às ideias deles, por temor de que correr um risco os deixará no olho da rua e assim por diante.

Como expliquei, não basta encontrar os próximos Steves Jobs e contratá-los. É preciso criar um ambiente no qual possam crescer e ajudar sua empresa a crescer também.

Lembre-se de que Steve foi demitido pelo próprio conselho de administração da Apple. Eles acharam que não tinham condições de controlar o que consideravam ser os projetos malucos dele. Então até Steve Jobs perdeu a batalha para os gestores supostamente sofisticados da Apple, que imediatamente perderam o rumo, até Steve ser trazido de volta para recuperar o sucesso da empresa.

Se você conseguir seguir muitos dos pongs propostos neste livro, também estará no caminho para o sucesso. No entanto, você deve manter sempre em mente um último pong. É simples:

Aja!

Todo mundo que já tomou uma ducha teve uma boa ideia. A única coisa que importa é o que você faz com essa ideia depois de sair do chuveiro. Então, se for tirar apenas uma lição deste livro, a lição deve ser esta: não deixe de agir! Faça alguma coisa! Muita gente lê livros, ouve palestras, participa de seminários e depois volta à rotina sem *fazer* qualquer mudança. Se você não mudar nada depois de ler este livro, isso quer dizer que fracassei. Porque não basta saber que é preciso encontrar, contratar e cultivar as pessoas criativas. Você deve efetivamente sair e fazer isso.

Você e a sua empresa estão em uma batalha diária com o futuro — em um piscar de olhos seu concorrente pode dar um enorme passo adiante e deixar vocês se perguntando o que aconteceu. Em um piscar de olhos seu concorrente pode conquistar sua participação de mercado e, quando isso acontecer, já será tarde demais para fazer qualquer coisa a respeito. O futuro pode "atacá-lo" de qualquer direção — você acha que a Nokia ou a BlackBerry imaginaram que o negócio deles seria dizimado por uma empresa californiana de computadores com o nome de uma fruta que nunca tinha entrado no mercado de celulares?

Você deve pertencer ao futuro, não ao passado. Se for verdadeiramente criativo, pode efetivamente ajudar a ditar esse futuro. Ser criativo significa fazer o futuro acontecer mais rapidamente... e também ter algum controle sobre ele.

CONCLUSÃO

Todas as empresas famosas por serem inovadoras agem. Elas fazem... e fazem muito. Se você quiser ter uma boa ideia, tenha um monte de boas ideias. E, se quiser encontrar o sucesso, trabalhe no maior número possível dessas ideias. Algumas morrerão na praia, e o mundo rapidamente se esquecerá delas, mas as que tiverem sucesso poderão mudar a trajetória da sua empresa e conduzi-lo a novas alturas.

Essa é uma das coisas que eu mais admirava no Steve Jobs original: ele agia. Na verdade, ele nunca parou de agir. Ele estava sempre remoendo novas ideias, aplicando novos conceitos, em busca da próxima grande onda. Grande parte do sucesso da Apple se deve à atividade frenética de Steve.

Sempre foi assim. Por exemplo, no início dos anos 1980, convidei Steve à Chuck E. Cheese's para ver alguns dos nossos projetos de pesquisa. Tínhamos acabado de abrir nossa divisão Kadabrascope para investigar as possibilidades da animação computadorizada. A divisão consistia em alguns engenheiros de software e um casal de animadores trabalhando em um VAX 11750 (um minicomputador descolado na época). Steve ficou muito interessado no projeto, e passamos horas conversando sobre como o futuro da animação seria assistido por computador, embora soubéssemos que ainda não tínhamos chegado lá.

O VAX 11750 usava um sistema operacional Unix, que Steve posteriormente incluiu em seu computador pessoal NeXT e, como mencionei no pong 31, é capaz de rodar vários aplicativos simultaneamente.

Muitos anos mais tarde, logo depois dos feriados de fim de ano, Steve apareceu na minha casa em Woodside. Queria falar mais sobre a animação assistida por computador — em continuidade à mesma conversa que tivemos anos atrás, o que revela um pouco sobre a capacidade de foco dele. Ele se mostrou especialmente curioso para saber minha opinião sobre a divisão Lucas da Pixar, ou seja, sua tecnologia de animação.

Disse que estávamos chegando ao ponto de ruptura, aquele ponto no qual a tecnologia estaria pronta para ser comercializada em uma escala maior, mas ainda assim poderia ser arriscado. Afinal de contas, ninguém tinha conseguido usar com sucesso a animação assistida por computador para longas-metragens. Uma vez que alguém conseguisse fazer isso, previ, a animação assistida por computador se tornaria a tecnologia predominante.

Steve respondeu que, desde que saiu da Apple (temporariamente, como todo mundo sabe), ficou fascinado com o trabalho da Pixar na área e estava pensando em investir na empresa. Eu lhe disse que ele tinha um excelente instinto para essas coisas e que deveria fazer o que sempre fazia: "Aja!", foi minha recomendação. "E depois vá resolvendo quaisquer problemas que forem aparecendo."

Ele me agradeceu e voltamos a conversar sobre outras coisas. Apenas alguns meses depois, fiquei sabendo que ele fez um grande investimento na Pixar.

Algum tempo depois, recebi um convite para a estreia em São Francisco do filme *Toy Story*. Na festa que se seguiu à exibição, conversamos sobre a extraordinária tecnologia da animação.

"Bom trabalho, Jobs", eu o parabenizei. Ele sorriu. "Eu agi", disse e se afastou na direção da multidão.

AGRADECIMENTOS

Muitas pessoas me ajudaram ao longo da minha vida, mas não tenho como mencionar todas elas aqui. Gostaria, no entanto, de destacar as pessoas a seguir, pelo grande apoio.

Minha esposa, Nancy, que tem sido uma constante e tranquilizadora influência na minha vida, que de outra forma seria caótica.

Meus pais, que me permitiram instalar um poste com listas vermelhas e brancas no telhado da nossa casa.

Meus filhos, que me mantiveram jovem e forçaram os limites da criatividade à sua própria maneira.

Alissa, minha filha mais velha e a melhor agente publicitária que já vi.

Minha professora da terceira série, a senhora Cook, que abriu meu caminho com sua caixa mágica de ciências.

Bob Noyce, meu mentor.

Al Alcorn, o verdadeiro inventor do *Pong*.

Steve Mayer, o arquiteto-chefe do 2600.

Mike Hatcher, o titereiro e produtor de todos os espetáculos da Chuck E. Cheese's.

Meus sogros, pelos muitos anos de apoio e amizade.

Peter Sprague, um amigo fiel nos bons e maus momentos.

Ted Dabney, o melhor sócio-fundador que eu poderia esperar.

Tim Sanders, o melhor guia turístico para o novo mundo editorial.

Todas as pessoas que me ajudaram com as pesquisas para este livro, inclusive Nick Bromley, Matt Corkins, Tetsuhiko Endo, Simon Geballe, Michael Pinchera, Adam Wren e, especialmente, Miranda Spencer.

E, finalmente, Gene Stone, que tem a extraordinária capacidade de traduzir meus pensamentos confusos em palavras eloquentes.

Respostas para as perguntas da página 103

1. As três mulheres são finalistas de um concurso de beleza, logo depois do anúncio da vencedora.
2. Os números estão em ordem alfabética.
3. As datas são antes de Cristo, não depois de Cristo.
4. A respiração.
5. Dorothy. Seus amigos são o Leão Covarde (animal), o Espantalho (vegetal) e o Homem de Lata (mineral).

SOBRE OS AUTORES

Nolan Bushnell (www.nolanbushnell.com) é um pioneiro do setor da tecnologia, empresário e engenheiro. Citado com frequência como o pai da indústria de video games, é mais conhecido por fundar a Atari Corporation e o Chuck E. Cheese's Pizza Time Theater. Nas últimas quatro décadas, fundou várias empresas, inclusive a Catalyst Technologies, a primeira incubadora tecnológica; a Etak, responsável pelo primeiro sistema de navegação digital; o ByVideo, que desenvolveu o primeiro sistema de encomendas na internet; e o uWink, o primeiro sistema de entretenimento e consultas de cardápio de restaurantes em telas sensíveis ao toque.

Atualmente, com sua nova empresa, a Brainrush, dedica seus talentos a reforçar e melhorar o processo educacional, integrando os mais recentes avanços da ciência do cérebro. Além disso, adora motivar e inspirar as pessoas em suas palestras sobre empreendedorismo, criatividade, inovação e educação.

Gene Stone (www.genestone.com), foi editor de livros, revistas e jornais para organizações como o *Los Angeles Times*, o *Esquire*, a Harcourt Brace e a Simon & Schuster. Foi o ghostwriter de trinta livros (muitos dos quais foram best-sellers do *New York Times*) para uma ampla gama de autores em muitas áreas diferentes. Stone também é autor de vários livros, inclusive *Os segredos das pessoas que nunca ficam doentes*, traduzido para mais de vinte línguas; *Garfos em vez de facas*, best-seller que encabeçou a lista do *New York Times*; e *The Watch*, o livro definitivo sobre os relógios de pulso.